성서를 알면 세계가 보인다

SEISHO GA WAKAREBA SEKAI GA YOMERU

Copyright ⓒ 2002 by Marehisa Ishii
All rights reserved.

No part of this book may be used or reproduce in any manner
whatever without written permission escept in the case of brief quotations
embodied in critical articles or reviews.

Original Japanese edition publish by Gakuyosha Publishing Co., Ltd.
Korean Translation Copyright ⓒ 2005 by Jiwonbookclub
This edition is published by arrangement with Gakuyosha Pubilishing Co., Ltd.
through InterRights, inc., Tokyo & BOOKCOSMOS, seoul

* 이 책의 한국어판 저작권은 InterRights, Inc.와 BOOKCOSMOS를 통한 저작권자와의 독점
  계약으로 지원북클럽에 있습니다. 신저작권법에 의해 한국 내에서 보호를 받는 저작물이므로
  무단전재와 복제를 금합니다.

BIBLE REALITY

성서를 알면 세계가 보인다

마레히사 이시이 지음 | 조재국 옮김

지원북클럽

성서를 알면 세계가 보인다

초판 1쇄 인쇄 2005년 5월 13일
초판 1쇄 발행 2005년 5월 25일

지은이 마레히사 이시이
옮긴이 조재국
펴낸이 김철수
편 집 최봉식
디자인 김현민
마케팅 김점배 · 김미숙
관 리 장인희 · 송무영

출 력 스크린출력센터
용 지 승일지업사
인쇄 · 제본 (주)상지 피엔비

펴낸곳 지원북클럽
등 록 1996년 12월 3일 제10-1371호
주 소 서울시 마포구 상수동 231번지 호수빌딩 301호
전 화 (02)322-9822~5 | 팩스 (02)322-9826

ⓒ 지원북클럽
ISBN 89-86717-94-8 03230

* 잘못 만들어진 책은 구입하신 서점에서 교환해 드립니다.

지은이의 말

2001년 9월 11일 미국에서 미증유의 동시다발 테러가 발생하였다. 테러발생 직후에 유럽의 매스컴이 그 날을 '세계가 뒤집힌 날'이라고 썼다.

일본에서도 거기에 호응한 듯 매스컴이 같은 논조를 전개하였다. 그리고 문자 그대로 그 날은 세계의 힘의 밸런스가 극적으로 바뀐 날이 된 것이다.

그 사건 이래로 세계는 안전보장의 개념을 근본적으로 바꾸지 않으면 안 되는 상황에 직면하게 되었기 때문이다. 20세기형의 구조로서는 '보이지 않는 적'인 테러리스트를 제압할 수 없는 시대가 도래한 사실을 세상이 알게 된 것이다.

그 날 이후 세상이 테러의 공포에 떨게 되었다. "어딘가 빌딩이 폭파되었다."는 소문이 나는 것만으로 주식이 하락하는 시대가 된 것이다.

세계는 지구적으로 테러리스트 박멸을 위하여 협조하여야 하는 새로운 전략을 가지고 안전보장체제를 구축하는 일이 무엇보다도 급선무이고, 역사상 예를 찾아보기 힘든 외교정책의 극적인 전환기를 맞이한 것이다.

정말로 그 날은 '세계가 뒤집힌 날'이며 세계역사에서 중요한 전환점이 된 날이다. 100년 후에 사람들이 오늘을 돌아본다면 틀림없이 그 날은 세계 역사의 흐름이 바뀌어진 중대한 날로 기록하고 있을 것이다.

미국이 보복공격을 함으로써 일본도 후방지원이라는 대의명분을 가지고 태평양전쟁 후 처음으로 자위대를 전쟁 가운데 있는 해외지역에 파견하게 되는 사태에 직면하였다.

그러나 그것은 일본도 새로운 보복테러의 목표가 될 수 있다는 새로운 공포감을 갖게 하였다. 보복공격을 한다고 해서 테러가 봉쇄되지 않는다는 것은 미국의 군사전문가들도 알고 있는 일이다.

그래도 미국은 보복이라는 카드를 뽑았고, 세계는 새로운 불안에 휩싸이게 되었다.

서방 여러 나라는 일치단결하여 이 국제테러조직에 대항하여야 하며 그러기 위하여 군사력이나 보복, 그 외 여러 가지 정보를 공유하며 함께 인류공동의 적과 싸워야 한다. 지금은 그런 시대가 되어가고 있다.

그런데 이러한 세계정세를 극명하게 예언하고 있는 책이 존재한다. 그것이 오래된 책인 '성서'라고 한다면 독자들은 어떻게 생각할까?

"당신 돌았어!"라고 하면서 화내는 사람도 있을 것이다.

그러나 잠깐만 기다려라.

이런 시대가 올 것을 성서가 수천 년전부터 경고하고 있다면 여러분들은 어떻게 생각할까 하고 물어보고 싶을 뿐이다.

21세기 초두에 출현한 세계정세를 수천 년 전부터 극명하게 예언하고, 경고한 책이 있다. 그것은 현대사회에서 신용을 얻고 있는 모든 정보기관도 따를 수 없는 정확성을 가진다.

현대는 정보사회라고 말해도 과언이 아니다. 만일 성서가 현재의 정세를 극명하게 예언하고 있다면 거기에 있는 정보를 무시하거나 비웃거나 하기 보다는 바른 자세로 검증해 보아야 하지 않을까?

내가 이 책에서 쓰려고 한 것은 바로 그런 것이다.

차 례

지은이의 말 5

제1장 세계정세와 성서의 예언

1. 세계를 읽는 좌표 17
오사마 빈 라덴은 주모자가 아니다! 18
유로화 도입 직전의 자로 잰 듯한 타이밍 18
벌써 계획된 탈레반 이후 19 / 유럽은 반드시 뜬다 20

2. 예언이란 본래 어떤 뜻인가? 22
예언이란 용어의 정의 22
고대 이스라엘 역사에서 보면 예언자는 전문직 23
아브라함에서 시작되었다 24
오늘의 중동문제를 푸는 열쇠인 아브라함의 계약 25
하나님이 본래 창시자 26 / 모세가 확립한 사회제도 27
야훼는 국가적 관심 29 / 99.9%의 적중률은 사형 30

검증 가능한 예언 30 / 아직 실현되지 않은 예언 31
왜 예언이 있는 것인가? 31 / 시간 밖에 존재하는 것 32
창세기 1장 1절의 선언 33 / 모든 것은 영원의 한 순간 35

3. 성서는 무엇을 예언하고 있는가? 36
유럽은 반드시 뜬다 36 / 마지막 날의 징조 37
어떤 일이 생기면 마지막이 가까이 온 것일까? 38

제2장 성서가 밝혀주는 가까운 미래

1. 이스라엘은 세계의 타임테이블 43
확실하게 예언된 민족의 역사 44 / 유태인의 방랑과 박해 46
신명기에 응축되어 있는 유태인의 역사 49
마지막 때에 부활하는 이스라엘 53 / 부활한 불사조 이스라엘 54
종말의 시계가 움직이기 시작했다 57
예수가 예언한 '이방인의 때가 차기까지' 58
6일 전쟁은 이방인의 때의 종식 59 / 그리고 제4차 중동전쟁 60
미국이 이스라엘을 지원하는 이유 62
어처구니 없는 팔레스타인 난민 63 / PLO(팔레스타인 해방기구) 65
아랍인이란 어떤 사람들인가? 67 / 증명된 예언의 신빙성 67

2. 떠오르는 유럽 71
느부갓네살왕의 이상한 꿈 71 / 다니엘이 밝혀준 수수께끼 73
세계제국 흥망의 예언 77 / 반복되는 다니엘의 꿈 78
정말로 그렇게 된 세계사 79 / 사람 손에 의하지 않는 돌이란? 80

그것은 마지막 날에 나타날 일 81 / 중단된 종말의 시계 82
유럽통합이 의미하는 것 83 / EU야말로 부활한 로마제국 84
그리고 2002년 1월 1일 단일통화 완성 86
'종말의 날'의 준비는 끝났다 87
유럽은 큰 힘을 가진 세력으로 부상한다 87
열개의 뿔이 뜻하는 것은? 89

제3장 글로벌리제이션

1. 하나되는 세계 95
세계는 한 가족, 인류는 모두 형제 96
세계 평준화가 문제해결의 열쇠일까? 97 / 누가 기준을 정하는가? 98
누가 하나의 세계를 지배하는가? 99

2. 계시록이 밝혀주는 글로벌세계 101
너무나 놀라운 과거의 경고 101
요한 계시록 13장의 진실된 의미는? 102
바다에서 나오는 짐승의 정체 103 / 상징적인 열과 일곱 104
열 개의 뿔과 일곱 머리 105

3. 유럽에서 등장하는 독재자 107
숫자는 인간을 가리키고 있다 108 / 세계적인 초 카리스마 109
세계적 불안은 짐승출현의 징조 110 / 히틀러로 증명된 패턴 113
암약하는 글로벌 엘리트 113 / 음모의 논리가 존재하는가? 114

4. 폭로되는 프라이버시 118
통일기준에 따른 일원관리시대 118 / 666의 서장, 신용카드 120
바코드에 의한 물류관리 121 / 인간의 넘버링이 이미 진행되고 있다 122
당신은 감시당하고 있다 124 / 몸에 넣는 칩에 의한 관리사회 125
앞서의 A씨 이야기로 돌아가자 127 / 이글 아이 프로젝트 129
악마는 빛의 천사로 위장한다 131
보이지 않는 적에 대한 늘어나는 불안 133
짐승의 숫자를 해석하는 게마트리아 134
도대체 666이란 숫자는 무엇인가? 136 / 독재자라니? 무슨 소리야? 137
세계가 안고 있는 시한폭탄 138

제4장 인류의 성지 예루살렘

1. 예루살렘은 누구의 것인가? 143
기구한 운명의 성지 예루살렘 143 / 유태민족의 분열과 붕괴 145
유배지 바빌로니아에서 제도화된 유태교 146
또다시 반복되는 침략 147 / 비잔틴 제국시대에 꽃핀 기독교의 성지 147
마호메트의 환상이 나타났다 149 / 그리고 1948년재통일로 150
예루살렘은 인류의 성지 151

2. 유혈의 도시 152
지금도 계속되는 암살극 152 / 이름을 남기지 못한 클린턴 153
샤론 정권 탄생으로 격화된 충돌 154
신전의 언덕이 세계의 배꼽이다 155 / 메시아란 어떤 의미인가? 157
메시아는 동문으로부터 들어온다 159 / 예루살렘은 위험도 100% 160

3. 나는 평화의 군주이다 162

세계를 깜짝 놀라게 할 포괄적 평화조약 162 / 예물이 부활하는 날 164

중동은 세계외교의 실험장인가? 165

유태에 있는 사람들은 산으로 도망하라 166 / 독재 정치 3년 반 169

가까운 미래의 뉴스 170 / 역사는 계속 반복한다 171

제5장 성서를 알면 세계가 보인다

1. 홀로코스트의 음산한 태동 175

에스겔 38장의 예언 175 / 언제 일어나는 일일까? 176

곡이 어떻게 러시아인가? 177 / 대수장 = 로시 언어학적 증거 178

'북쪽 끝에서'의 지리적 증거 178 / 러시아의 동맹국은 어디인가? 179

그 때 중동에서는 무슨 일이? 182 / 쏟아지는 불과 유황 183

중동판 가미가제(神風)인가? 183

유태인은 기적적인 승리로 하나님에게 돌아온다 184

2. 유프라테스 강을 넘는 붉은 기마병 185

아시아 초강대국인 중국 185 / 2억의 붉은 말 186

제6장 바이블 리얼리티

1. 세계에 군림하는 성서의 백성 191

유태인은 선민이기 때문에 우수하다 191 / 세계에 준 충격 192

금융경제는 유태인의 것 194 / 이미 게임오버 일본 196

2. 세계사 최대의 터부 - 유태인은 누구인가? 200
유태인은 셈족이 아닌가? 200
'유태인 90%가 백인'이라는 불가사의 201
도대체 이 법률은 무엇인가? 202 / 더욱 깊어지는 수수께끼 204
언제인지 유태인 아닌 유태인이 넘쳐나는 나라가 되었다 206

3. 두 종류의 유태인 207
불가사의한 이스라엘의 이중구조 207
아시케나지는 정말로 하자르인인가? 209
하자르한국(汗國)이란 어떤 나라인가? 210
나는 반유태주의가 아니다 212
그들은 거짓 유태인이 아니다 215 / 이스라엘 건국의 토대 217
유태와 아랍은 천년간 증오하고 있지 않았다 218
시오니즘의 대두로 분쟁이 태동 219
시오니즘은 아시케나지의 민족주의인가? 220
아브라함의 계약이란 무엇이었는가? 223
이슬람의 적은 성서의 백성이 아니다 226
이스라엘은 예언의 성취가 아닌가? 227
약속을 힘으로 쟁취하려는 신앙 가족 228
세계 대공황은 시작되었는가? 229
미국대통령 조지 부시는 무엇을 알고 있었는가? 231
일본인이여, 원리원칙을 알자 232 / 존재, 그 자체가 기적 234
바이블 리얼리티 235

옮긴이의 말 238

제1장

Bible Reality

세계정세와 성서의 예언

Bible Reality 1

세계를 읽는 좌표

성서가 세계정세를 읽는 열쇠라고 해도 과언이 아니다. 세계에서 일어나고 있는 사건의 진실을 알고 싶을 때 신문이나 텔레비전의 정보만으로는 결코 진실을 알 수가 없다. 세계정세를 아는 중요한 축이 있다. 그 좌표축이 바로 성서이다.

성서를 기독교만의 경전이라고 생각하는 사람은 매우 중대한 잘못을 저지르고 있는 것이다. 성서는 기독교만의 경전이 아니다. 기독교만이 아니라, 유태교도, 이슬람교도 경전으로 사용하고 있다.

이렇게 말하면 이의를 말하는 사람이 있을지 모른다. 그러나 그런 사람은 심정적으로 성서를 받아들이고 싶지 않은 사람이라고 말할 수밖에 없다. 그런 정도로만 인식하게 된 것은 기독교의 책임이기도 하지만…….

오사마 빈 라덴은 주모자가 아니다!

성서는 분명히 다가오는 인류역사의 종말이 어떤 모양으로 전개될 것인지를 말하고 있다. 나는 성서를 가르치는 선생이며 성서의 내용을 검증해야 할 입장에 있는 사람이다. 기록되어 있는 많은 예언을 연구하고 검증하는 사람이다. 성서연구자의 관점에서 이전 테러사건을 볼 때 이것은 결코 예상을 뒤엎는 행동은 아니라고 말할 수 있다.

나는 이런 사건이 일어날 것을 예상하고 있었고, 여러 번 강의를 통하여 테러의 위험성을 말해왔다. 물론 테러의 방법에 경악하지 않을 수 없었지만, 뉴스를 본 순간 "정말 일어났구나!"라고 생각한 사람 중 하나이다.

나는 사건 다음날 강연에서 오사마 빈 라덴이 주모자가 아니라고 주장했다. 오사마 빈 라덴을 배후에서 조종하는 집단이 존재한다. 나는 그것이 '유럽을 중심으로 한 집단'이라고 단정했다. 그 이유를 여기에서는 간단하게 두 가지만 언급해 두자.

유로화 도입 직전의 자로 잰 듯한 타이밍

우선 첫째로 이 사건이 2002년 1월 1일 유로화(유럽연합공통화폐) 완전 도입 직전에 일어났다는 절묘한 타이밍이다. 2002년 1월 1일, 그것은 유럽합중국의 탄생의 순간이며 아주 새로운 세력권의 탄생의 날이다. 그 직전에 세계 경제의 중심인 뉴욕이 붕괴한 것이다.

글로벌경제의 기본통화의 위치를 획득한 유로화로 볼 때 미국은 두드려 없애야 하는 존재이다. 달러에 대한 신뢰가 사라지면 세계의 돈은 당연히 거대한 경제권인 유럽합중국으로 흘러 들어가게 된다.

이번 사건 후, 독야청청하던 달러 중심의 세계경제의 흐름에 극적인 변동이 일어난 사실은 주목할 만하다. 달러 이탈이 가속되고 있는 것이다. 정말로 자로 잰 듯한 타이밍이다.

**벌써 계획된
탈레반
이후**

그리고 둘째로는, 이번 테러사건이 발생하기 수개월 전부터 아프가니스탄 전 국왕 자비르 샤를 중심한 탈레반 이후의 아프간 신정권 수립안이 나토(NATO : 북대서양조약기구)가 관계하는 유럽 안전보장전문가에 의해서 입안되고 논의되었다는 놀라운 사실이다. 이것은 유럽이 테러발생을 알고 있었다는 움직일 수 없는 증거이다.

그래도 우연한 일치라고 독자들은 생각할 것인가?

그리고 최근(2001년 12월 현재)에 아프가니스탄의 실제 지배세력이었던 탈레반이 사실상 붕괴되고 아프간 신정권회의도 유럽과 유엔주도로 진행되고 있다.

오사마 빈 라덴이 죽든지 체포되든지 탈레반정권은 없어져야 한다는 게 서방세계의 공동목표라고 나는 주장하여 왔는데 지금은 그것이 기정사실화 되었다.

유럽은 반드시 뜬다

때를 같이하여 2001년 9월 28일자 요미우리신문은 유럽연합의장국인 벨기에의 페르호프스다트 수상이 기고한 서한을 게재하였다. '윤리성을 겸비한 세계화를'이라는 제목의 소논문이다. 그는 이렇게 말한다.

"어떻게 하면 가장 혜택을 받지 못하는 사람들뿐만 아니라 모든 사람들이 세계화의 역효과에 고통당하지 않고 내일의 이익을 향유할 수 있을까? 대답은 세계화의 추진이지 억제가 아니다."

세상에는 세계화의 역효과 때문에 사회불안이 조장되고 있다고 생각하는 지식인들도 있다. 일본의 금융관계자 가운데도 그것을 실감하고 있는 사람이 적지 않다. 금융의 빅뱅 때문에 일본도 어쩔 수 없이 세계화의 흐름에 끌려가게 되었다.

그 결과 일본은 천문학적인 자산을 잃어버렸다. 계속되는 도산과 빚, 고통으로 중년과 노인들의 자살이 증가하여 사회문제화 되고 있다. 정말로 세계화의 역효과에 직격당한 나라가 일본이라고 말할 수 있는 게 아닐까?

그래서 세계화를 걱정하는 사람들이 증가하고 있다. 유럽도 마찬가지이다. 그들 중에는 이번과 같은 테러사건이 정말로 세계화의 왜곡이 나타난 단초라고 생각하는 사람들도 적지 않다.

하지만, 뉴욕이라는 글로벌 스탠더드(global standard)의 심장부가 파괴된 직후에 유럽연합의장으로부터 전 세계로 하나의 메시지가 날아들었다. 그는 이렇게 단언하고 있다.

"그것(윤리적 글로벌화)은 유럽에서 시작된다. 유럽 기준으로 일을 결정할 때 지구상에서 가장 혜택을 받지 못하는 사람들에게 어떤 영향을 줄 것인지를 검토하는 게 중요하다."라고.

유럽주도의 새로운 세계화가 시작된다는 선언이다. 그리고 유럽 수준으로 일을 결정할 때 지구 전체에 어떤 영향이 미칠지 생각하는 것이 중요하다고 그는 선언하고 있는 것이다. 이것은 정말로 유럽이 세계를 주도할 기관으로서 존재한다고 주장하고 있는 것 외에 아무것도 아니다.

얼마나 멋진 타이밍인가! 이것이 단지 우연일까? 유럽은 분명히 뜨게 된다. 나는 그렇다고 단언한다. 그 이유를 이 책에서 구체적으로 쓰려고 한다. 그것이 올바른 판단인지 아닌지는 언젠가 밝혀질 것이다. 독자자신이 각각 판단할 일이다.

그러나 내가 여기에서 말하려는 것은 성서를 읽고 이해하는 것이 현대의 세계정세와 밀접한 관련이 있다는 것이다. 신뢰할 수 있는 많은 정보를 제공하는 원천이 성서라는 것이다.

성서적 관점에서 세계를 바라볼 때 우리들은 또 하나의 성서의 예언이 진행하고 있는 현실을 리얼타임으로 목격하는 증인이 된다. 내가 그렇게 단언하는 근거를 이 책에서 검증해 보려고 한다.

Bible Reality **2**

예언이란 본래 어떤 뜻인가?

**예언이란
용어의
정의**

내용을 검증하기 전에, 먼저 여기에서 내가 사용하고 있는 예언이라는 용어의 개념을 정리해 두려고 한다. 분명하게 말해 두고 싶은 것은 이 책이 거리에 범람하는 미스터리 책이나 음모담 같이 상고시대의 역사를 다루고 있는, 많은 '믿기 힘든 책'이 아니라는 것이다.

일본에서도 한 해가 지나갈 때이면 점쟁이나 장래의 일을 맞춰보려는 위험한 장사를 하는 사람들이 텔레비전을 시끄럽게 한다. 수정 구슬을 뚫어지게 보거나, 이상한 소리를 내거나 행동하면서 새해의 운세가 어떻게 될 것인지를 예언한다. 프로야구 자이언트 팀이 우승할 것이라든지, 어디서 지진이 일어날 것이라고 해서 시청자를 텔레비전에 묶어둔다. 이와 같이 사람은 미래를 알고 싶어 하는 욕구를 가지고 있다. 그것은 다름 아닌 불안에 대한 반증일 것이다.

그런 사람들이 한 가지라도 정확히 맞히는 것을 본 적이 없다. 그러나 텔레비전에서는 사람의 과거에 대한 예언에 카메라 초점을 맞추고 무언가 하나라도 비슷한 것이 나오면 극적인 연출이라고 생각되는 대사나 설명을 통하여 굉장한 것처럼 선전한다.

이런 예언 붐에 불을 붙인 것이 다름 아닌 노스트라다무스인데, 1999년에 공포의 대왕이 하늘에서 내려온다고 말한 이야기는 도대체 어디로 사라져 버린 것일까? 이미 내려왔다면 너무도 조용한 '공포의 대왕'이 아닌가? 예언이라는 말을 들으면 많은 사람은 이상한 것을 생각한다. 그런 이미지를 가지고 이 책을 읽으면 이 책의 저술 목적과는 아주 동떨어지게 된다.

그러므로 독자들은 내가 여기서 꼭 검증해 보고 싶어 하는 성서에 기록되어 있는 예언과 일반 예언을 명확히 구별해서 이해해주기 바란다. 먼저 성서 속에 기록되어 있는 예언이라는 것이 본래 어떠한 종류의 것인지 설명해 보도록 하자.

고대 이스라엘 역사에서 보면 예언자는 전문직

성서의 예언(預言)은 한자의 글자 뜻과 같이 '맡긴 말'이다. 예정 할 '예(豫)' 자가 아니고, 은행예금의 '예(預)'인 것이다. 그것은 하나님의 '말을 맡아서 말하는 예언자'라고 하는 직분을 가진 사람이 활약했던 사회적 배경에서 유래한다.

원래 성서라는 것은 고대 이스라엘에서 유래한 책이다. 고대 이스라엘은 신권국가(神權國家)였다. 야훼(하나님)라고 불리는 유일신을 믿었으며, 그 신은 천지만물을 창조한 창조자이며, 그의 주권과 권위로 세워진 나라라는 것이다. 즉, '태초에 하나님이 존재' 했으며 그에 의해서 어떤 특정한 의미와 목적을 가지고 건국된 나라가 이스라엘이고 유태라는 것이다.

아브라함에서 시작 되었다

그 민족의 시작은 아브라함이라고 하는 한 사람의 유목민 남자였다. 그는 고대 메소포타미아의 우르(현재는 이라크)라는 곳에 살고 있었으나, 하루는 하나님의 음성을 듣는다. 그 음성은 이렇게 말했다.

"너는 네 본토 친척을 떠나 내가 네게 지시하는 땅으로 가라. 거기서 나는 너를 많은 민족이 되게 하겠다."

이것은 구약성서 창세기 12장의 기록이다.

이 음성의 주인공은 다름 아닌 야훼였다. 아브라함은 다신교로서 애니미즘(animism : 무속신앙)문화 속에서 생활하고 있던 남자였으나 그때 천지만물의 창조주이신 하나님의 음성을 듣고 그 음성을 따라 가족을 이끌고 태어난 고향을 떠난다. 갈 곳을 알지 못하는 상태에서 다만 음성을 따라 갔던 것이다.

이것이 이스라엘 민속의 기원이다. 이 남자와 부인 사라 사이에 태어난 독자 이삭, 이삭의 아들 야곱. 이 야곱이라는 사람이 후에 이스라엘이라고 이름을 바꾸고 그에게 12명의 자녀가 태어났는데 이것이 이스라엘 12부족의 시작인 것이다.

오늘의 중동문제를 푸는 열쇠인 아브라함의 계약

위대한 신앙의 아버지라고 불리는 아브라함과 야훼 사이에 교환된 계약을 '아브라함의 계약'이라고 부른다. 이 계약은 매우 간단한데 다음과 같은 내용이다.

> "여호와께서 아브라함에게 이르시되 너는 너의 본토 친척, 아비집을 떠나 내가 네게 지시할 땅으로 가라. 내가 너로 큰 민족을 이루고 네게 복을 주어 너의 이름을 창대케 하리니 너는 복의 근원이 될 찌라. 너를 축복하는 자에게 내가 복을 내리고 너를 저주하는 자에게는 내가 저주하리니 땅의 모든 족속이 너로 인하여 복을 얻을 것이라 하신지라."(창세기 12:1-3)

이 계약은 세 부분으로 되어 있다.
1. 약속(큰 민족을 이루게 하겠다).
2. 사명(네 이름을 축복하겠다).
3. 목적(땅의 모든 족속이 너 때문에 복을 얻을 것이다).

성서는 이 '아브라함의 계약'을 토대로 이야기가 전개되고 있다. 이것이야말로 성서 전체를 관통하고 있는 중요한 기둥이다. 이 말씀을 처음 읽는 사람도 꼭 이것을 알아두기 바란다.

성서는 이 계약을 믿고서 떠난 남자와 그 계약이 어떻게 실현되었는지를 기록한 책이며, 동시에 그 사명과 목적을 곡해한 유태인과 그 결과 유태사회가 어떻게 되었느냐 하는 역사의 기록인 것이다.

그리고 무엇보다도 이것을 이해하는 것이 오늘날 중동문제를 푸는 열쇠가 되는 것이다. 왜냐하면 아브라함이 이 계약을 믿고 찾아간 땅이 성서의 용어로는 가나안 땅이자 현재 팔레스타인이며, 이스라엘이 주장하고 있는 영토이기 때문이다.

그렇기 때문에 성서에 기록되어 있는 아브라함 계약에 관한 내용을 바로 이해하지 못하면 중동문제를 이해할 수 없는 것이다. 아브라함 계약에 대해서는 다음에 자세하게 설명하도록 하겠다. 이 점으로 보아도 성서가 세계를 푸는 열쇠라고 말할 수 있다는 것을 알게 되었을 것이다.

성서는 창세기 11장까지 천지창조나 노아 홍수 등 일반적으로 알려진 일에 대해서 기록하고 있지만, 이 12장부터 갑자기 극적인 전개를 보여주고 있는 것이다. 그리고 그 내용은 오늘날 세계의 화약고인 팔레스타인과 직접 직결되어 있는 것이다.

**하나님이
본래
창시자**

하나님이라는 주권자의 말씀을 듣고 일가족을 이끌고 태어나 자란 고향을 떠난 아브라함이 이스라엘 민족의 시조라는 이야기는 일본신화와는 달리 역사적 사실이며, 유태인 연구의 대전제인 것이다.

처음부터 이스라엘이라는 국가는 인간이 시작한 나라가 아니고 하나님이 시작한 나라, 곧 하나님이 창시자이다.

이것은 이스라엘의 국가적, 사회적 조직의 대전제로 다른 나라 사람들은 이해하기 어렵다. 일반적으로 '하나님'이라는 말을 대부분의 사람들은 종교적인 의미만을 가진 것으로 이해하기 때문이다. 사실 이 말은 고대 이스라엘 건국의 토대인 것이다.

고대 이스라엘 국가는 하나님에 의해 시작되었고, 하나님을 중심으로 법률이나 국가, 사회구조가 만들어졌다. 그렇기 때문에 당연히 하나님과 관련된 것들이 중요한 위치를 갖게 되고, 하나님을 예배하는 행위가 국가적인 행사로 된 것이다.

그러므로 예배와 같은 종교적인 행사를 주관하는 '제사장(祭司長)'이라고 일컬어지는 직분을 가진 사람들이 매우 높은 지위를 갖게 된 것이다.

모세가 확립한 사회제도

이러한 사회적 시스템을 구축한 인물이 저 유명한 모세이다. 모세는 약 400년간 이집트에서 노예생활을 하고 있던 이스라엘 민족을 해방한 영웅이다. 그가 이스라엘 민족을 이집트에서 탈출시켰다고 하는 역사적인 대사건은 기원전 1400년경 이야기로 그 당시 이집트왕은 람세스 2세라고 일반적으로 알려져 있다.

당시 120만 명에서 200만 명에 이르는 이스라엘민족을 이끌고 모세가 이집트에서 가나안(현 팔레스타인) 지방까지 데리고 간 것이다. 가는 도중에 시내산 꼭대기에서 모세는 이스라엘에게 매우 중요한 헌법이었던 십계명을 하나님에게서 받는다. 이 사건을 기록하고 있는 것이 '출애굽기'이다.

그러나 이스라엘이 국가로서 체제를 정비하기 위해서는 십계명 외에도 더 자세한 법률이 필요했다. 민법이나 상법과 같은 것들이다. 이 법률을 조목조목 정한 인물도 모세이다. 모세는 하나님의 음성을 듣고 그것을 소상하게 기록하였던 것이다.

십계명에 기초해서 만들어진 이스라엘 법률의 뿌리가 되는 것이 구약성서의 출애굽기 21-23장에 구체적으로 기록되어 있다. 일반적으로 이것을 '계약서'라고 부른다.

이것은 하나님과 이스라엘 사이에 이루어진 계약사항이며, 앞에서 말한 아브라함 계약이 구체적으로 발전한 형태이다. 구약성서의 구약(舊約)이라는 말은 이 계약을 의미하는 것이다. 옛 계약이라는 뜻이다.

옛 계약에 대해서 예수가 십자가상에서 실현한 것이 새로운 계약이다. 신약성서의 신약(新約)이라는 말은 예수의 계약을 의미하는 것이다.

모세는 이스라엘이라는 유목민으로 구성된 큰 무리를 하나의 국가로 성장시키기 위한 기초를 만들었다. 그 과정에서 그는 하나님을 예배하기 위한 행사, 축제, 제물 등에 관한 규정을 자세하게 제정하였다.

그 중에 제사장 제도가 만들어졌다. 이스라엘의 초대 제사장은 모세의 형 아론이었다. 법률로부터 사회제도까지 모든 것이 창조자였던 하나님의 지시로 이루어졌고, 그의 종인 모세가 시행하였다.

**야훼는
국가적
관심**

이런 국가이기 때문에 국가의 주체인 야훼가 무엇을 생각하고, 무엇을 바라고 있는지를 아는 것이 그들의 국가적 관심사였다. 사람들은 하나님의 뜻을 알기 위해서 모세에게 달려왔던 것이다. 모세가 건재하던 때는 아주 좋았다.

모세는 하나님과 얼굴을 마주하고 만났던 인물이라고 일컬어진다. 모세가 회막(會幕 : 하나님과 만나는 천막)에서 나오면 그의 얼굴색이 빛나서 사람들은 그의 얼굴을 바로 볼 수가 없을 정도였다고 기록되어 있듯이 그는 하나님의 사람으로서 민족을 이끌었다. 그러나 모세와 같은 초 카리스마가 없어지니까 상황이 달라진다.

사람들은 하나님의 말씀을 제멋대로 해석하기도 하고, 각각의 형편에 따라 비난하기도 하고, 때로는 이방종교의 풍습에 동화되기도 하고, 사회생활이 황폐하게 되기도 했다.

그와 같은 시대에 등장한 이들이 예언자들이다. 그들은 황폐한 이스라엘 사회에서 본래의 뿌리를 일깨우기 위하여 죽을 각오로 일어났던 사람들이다. 그 때문에 많은 예언자들이 타락한 지도자들한테 가혹한 탄압을 받아서 투옥되기도 하고, 고통을 당하기도 하고, 부당한 대우를 받기도 했다.

이러한 사람들은 점쟁이나 무당들과는 본질적으로 달라서 국가적으로 매우 중요한 위치를 점하고 있었다. 이스라엘이 이웃 여러 나라와 전쟁을 할 때에는 어떤 정책을 써야 할지를 왕과 정치지도자들에게 진언하기도 했던 것이다.

즉, 예언자는 정치적인 위치에 있기도 하고, 종교지도자적인 위치에 있기도 했는데, 그런 일은 고대 이스라엘 국가에서는 매우 중요한 일이었다.

99.9%의 적중률은 사형

예언자의 말은 하나님의 말씀이었고, 마땅히 그래야 했다. 그것을 어떻게 증명할 수 있었을까? 그것은 아주 간단하다.

만일 그들의 말이 정말로 하나님의 말씀이라면 그 말은 그대로 실현되어야 한다. 그것이 참 하나님의 말씀이라면 당연한 일이다. 만일 하나라도 틀려서 말한 일이 일어나지 않는다면 그것은 하나님의 말씀이 아니라는 증거이다. 그리고 만일 그들의 말이 하나님의 말씀이 아니라는 것이 증명되면 즉시 체포되어 처형당했던 것이다.

고대 이스라엘의 예언자란 목숨을 건 직업이었다. 적당하게 속이는 것이 절대로 허락되지 않는 삶과 죽음의 협곡에서 살았던 사람들이다. 이렇게 볼 때 오늘날 구약성서 속에 남아 있는 예언들은 처형당하지 않은 예언자들의 말이라는 것이 된다.

다시 말해서, 그들이 살았던 시대에 그들이 말한 것이 하나하나 그대로 실현되었다는 것을 의미한다. 여기에 성서에 기록되어 있는 예언의 중요성이 있다.

검증 가능한 예언

예언자들이 말한 내용 가운데는 그들의 시대 이후에 관한 것도 많이 포함되어 있다. 그리고 그들 가운데 많은 것이 역사 속에서 실현된 것을 우리들은 역사적 사실과 성서의 내용을 비교해 보면 확인할 수가 있다. 그렇기 때문에 나는 각자가 검증해 보아야 한다고 주장하는 것이다. 성서에 기록된 예언은 역사 속에서 모두 검증할 수 있는 것이기 때문이다.

아직 실현되지 않은 예언

그런데 예언자가 말한 내용 가운데는 아직 역사 속에서 실현되지 않은 내용도 있다. 즉, 그것은 앞으로 실현될 것이다. 만일 예언이 과거에 100% 적중했다면 앞으로 일어날 일로 생각되는 것도 100% 실현될 것이라고 믿는 것은 자연스러운 결론이 아닐까?

성서 속에는 아무리 생각해도 현재 우리가 살고 있는 시대가 아니면 실현될 수 없는 예언이 존재한다. 나는 이 책에서 그런 내용들을 독자들과 함께 검증하고 싶은 것이다.

왜 예언이 있는 것인가?

그러면 왜 성서에는 예언이 있는 것일까? 예언이 있는 이유는 단 한 가지이다. 예언을 부여한 주체가 역사를 시간 추의 밖에서 볼 수 있는 존재라는 사실을 증명하기 위해서이다.

역사라는 말을 영어로 History라고 하는데, 이것은 His와 Story의 혼합어라고 한다. 영어에서는 하나님을 나타낼 때 대문자의 He, His라는 인칭대명사를 사용한다. 즉, 영어의 History라는 것은 His(하나님)의 Story(이야기)라는 것이 되고, 이것이 성서적 역사관의 기초가 되는 것이다.

성서는 역사야말로 하나님의 활동하심의 증거이며 역사와 성서를 비교할 때 거기에 하나님이 역사의 배후에 현실적으로 존재하는 초월적인 실체라고 하는 것을 알 수 있다고 말한다. 이것이 성서 속에 예언이 존재하는 이유이다.

시간 밖에 존재하는 것

역사라는 것은 시간의 흐름이다. 현재라는 시점에서만 살아갈 수밖에 없는 인간이 과거 시간의 흐름을 돌아보고 지나간 과거에 어떤 일이 일어났는지를 이해하려는 시도가 역사라고 말할 수 있을 것이다. 하지만, 시간이라는 개념은 매우 애매한 것이지 절대적인 기준은 아니다. 지구상의 1시간이 우주공간의 다른 혹성에서도 같은 1시간이 아니기 때문이다.

나도 자주 비행기를 타는 편인데, 하늘 위에서 보면 땅위의 모습은 모두가 조그맣게 보인다. 고속도로에서 초고속으로 달리고 있는 차도 꼭 멈춰 있는 것처럼 보인다. 똑같은 사물이 세상과 상공에서 전혀 다른 시간 속에서 움직이고 있는 것처럼 보인다.

지상 1만 미터에서도 그렇게 보이는데, 만일 대기권을 지나서 훨씬 더 우주공간의 끝에서 지구를 본다면 아마 지구상에서 음속으로 날고 있는 비행기마저도 멈춰 있는 것처럼 보일 것이다. 이렇게 시간이라는 것은 자기가 있는 장소와 운행하고 있는 속도에 따라 전혀 다른 것이 된다.

우리들이 역사라고 부르는 것은 우리들이 존재하고 생활하고 있는 물리적 세계, 이 3차원의 공간에 있는 사람들 사이에만 성립되는 말이다.

창세기 1장 1절의 선언

"태초에 하나님이 천지를 창조 하시니라." 성경은 이 엄숙한 선언으로 막을 연다. 이 1절은 다른 것이 끼어들지 못하게 하는 압도적인 선언이다. 이 선언은 하늘과 땅, 즉 물리적인 우주에서 시작되었다는 것을 말하고 있다.

그리고 이것은 오늘의 우주과학의 상식과 완전히 일치하고 있다. 우주는 아주 옛날에 초고온의 빅뱅(big bang)으로 시작되었다는 학설이 이미 정설로 되었다. 또한 이것은 물리적 우주가 존재하기 이전에 거기에는 '하나님'이라는 주체가 있었다는 것을 말하는 것이 된다.

즉, 만물의 존재 이전에 만물을 존재하게 하는 '존재의 제1원인'으로서 물질이나 공간을 넘어선 초월적 힘이 존재하고 있어야 하기 때문이다.

그리고 이점에 있어서는 현대 물리학의 상식과 완전히 일치하고 있다. 물리학은 대전제로 물리적 세계에는 '원리' '원칙' '법칙'이 처음에 존재하고 있었다는 것에서 출발한다. 거기에 있는 원리를 수식으로 바꾸는 예술적 활동이 물리학이기 때문이다.

뉴턴이 나무에서 떨어지는 사과를 보고 만유인력을 발견했다는 이야기는 유명하다. 물리학이란 이렇게 세상의 사상(事象)을 분석하여 그것을 수식으로 바꾸는 작업이다. 그리고 또한 이 선언은 물리적 세계가 우연히 만들어진 것이 아니라 물질을 넘어선 이성의 활동에 따라 의도적으로 디자인되었다는 사실을 말하고 있다.

모든 물질은 분자로 이루어져 있고, 분자는 원자로 만들어졌다는 것은 잘 알려져 있다. 원자 속에는 원자핵이 있고 원자핵 주위를 전자가 궤도를 그리는 것처럼 돌고 있다. 더욱이 원자에서 작은 물질인 중간자를 유카와 히데키(1907-1981)가 발견하여 노벨상을 수상했고, 현재는 그것보다 더욱 작은 뉴트리노(newtrino : 중성미자)와 쿼크(quark : 소립자의 기본 구성자) 등이 발견되고 있다. 미크로세계를 파악한다는 것은 물질의 존재의 원점을 알려는 것이다. 이러한 세계를 매일 매일 보고 있는 과학자들은 그러한 것을 당연한 것으로 알고 있다.

물질의 원점을 찾아 들어가면 거기에는 허무, 혹은 우연이라는 세계가 존재할 수 없다. 모든 것이 정연한 규칙에 따른 법칙성을 가지고 움직이고 있다. 다시 말해서, 모든 물질은 '원리'와 '질서'를 존재의 원점에 갖고 있다는 것이다.

창세기 1장 1절은 정말로 놀라운 선언이다. 이것은 자연과학이나 물리학, 우주과학의 대전제와 완전히 일치하고 있기 때문이다.

이 점에 관해서 이학박사 아마노(天野 仁)씨도 그의 저서에서 "현재의 우주물리학, 우주공학, 생명과학의 최전선의 연구 상황은 그 도달점으로써 성경에 기록되어 있는 것을 그대로 사실로 받아들여도 이상할 것이 없다는 단계에 들어가고 있다."([성서의 과학] PHP연구소)고 말하고 있다.

**모든 것은
영원의
한 순간**

성서의 예언을 부여한 야훼라는 주체가 물리적 우주의 제1원인이라고 선언한다. 이 하나님이 물리적 세계를 창조한 순간에 물리적 법칙이 만들어진 것이며, 그 순간에 시간이라는 개념이 만들어진 것이다. 그러므로 하나님이라는 존재는 우리가 생활하고 있는 범위의 밖에 존재하고 있다.

현재, 과거, 미래라는 개념은 하나님에게는 존재하지 않으며, 하나님이라는 존재의 관점에서 보면 모든 것이 영원의 한 순간이 된다. 따라서 하나님만이 어떤 일이 미래에 일어나기 전에 정확히 알려줄 수 있는 유일한 존재라는 것이 된다. 그러한 존재만이 다음과 같은 선언을 할 수가 있는 것이다.

> "보라, 전에 예언한 일이 이루어졌느니라. 이제 내가 새 일을 고하노라. 그 일이 시작되기 전에라도 너희에게 이르노라."(이사야 42장 9절)

예언이란 확실히 이렇게 선언할 수 있는 주체가 정말로 존재한다는 것을 증거로서 기록해놓은 것에 지나지 않는다. 이 점에 관해서 독자가 어떻게 생각하든, 나는 다만 '그렇게 선언하고 있는 성서'의 내용을 해설하고 있는데 불과한 것이다.

Bible Reality 3

성서는 무엇을
예언하고 있는가?

**유럽은
반드시
뜬다**

성서에 기록되어 있는 예언의 내용은 다양하다. 하지만, 그 중에서도 오늘날 우리에게 가장 관심이 있는 것은 앞으로 '당신이 사는 동안에 일어날지 모르는' 일일 것이다.

성서 속에는 꼭 이해해야 할 몇 가지 키워드가 존재하는데, 그 중에서도 오늘날 우리와 관련 있는 것은 '종말의 날'이라고 불리는 내용이다. 이것은 세계역사의 마지막에 관한 테크니컬 타임이며, 문자 그대로 '종말'(End Times)을 의미한다. 어떤 구절에서는 '그 날', 또는 '주의 날'이라고도 나와 있다.

이것은 모두가 끝나고 마는 날을 의미하는 것은 아니다. 세계가 새로워지는 날이라는 의미이다. 그것은 정치가 바뀐다거나 세상이 좋아진다는 의미가 아니다. 물리적 법칙까지도 완전히 바뀐다는 놀라운 날을 의미하는 것이다. 그 날에 관해서 성서는 많은 기록을 남기고 있다. 여기에 관한 기록은 모두 앞으로 일어날 미래의 것이다.

마지막 날의 징조

성서는 마지막 때가 가까워지면 어떻게 될까라는 세계정세에 관하여 대서특필할 만한 예언을 우리들에게 가르쳐 주고 있다. 지금부터 2600년 전에 세상의 마지막 때의 세계정세를 극명하게 그리고 있는 것이다.

그것은 매우 분명하게 예언되어 있다. 하지만, 그런 예언이 오랫동안 실현되지 않았다. 그런데 놀라운 것은 제2차 세계대전 이후 그러한 예언이 매우 빠르게 실현되기 시작했다는 것이다. 그것도 하나 둘이 아니다. 몇 개의 예언이 중첩되어 오늘의 시대에 실현되고 있는 것이다.

우리는 정말로 성서가 말하는 '마지막 시대'에 살고 있다고 말할 수 있다. 예수는 제자들에게 이런 일이 일어나는 것을 보면 마지막이 가까워지고 있다는 것을 알아야 한다고 경고했다.

이것은 예수 자신도 예언한 마지막 시대의 징조인 것이다. 그렇다면 그것이 정말로 일어날까? 그것은 각 사람이 검증해 보면 좋을 것이다. 그러면 성서가 말하는 내용이 정말로 실현 가능한지 아닌지를 알게 된다.

나는 단언하지만, 모든 사람이 성서가 말하는 경고를 검증해야 한다고 생각한다. 어떤 종교단체가 말하듯이 '성서는 사교의 책'이라고 감정적인 결론을 내려놓고 끝낼 것이 아니라, 만일 정말로 마지막 때를 예언하고 있다면 모든 사람에게 관계있는 내용이기 때문에 잘 검증해 보고 각자가 결론을 내려야 한다고 생각한다.

어떤 일이 생기면 마지막이 가까이 온 것일까?

세상의 마지막이 가까워질 때 세계정세는 어떻게 될까? 성서가 예언한 마지막 날의 모습을 간단히 열거해 보자.

1. 세계에 흩어졌던 이산 유태인들이 팔레스타인에 귀환해서 나라를 재건한다.

   1948년 이스라엘은 새로 다시 건국되었다. 세계에 흩어져 있던 유태인들이 속속 조국으로 귀환하고 있다. 예언은 현실이 되었다.

2. 성지 예루살렘이 이스라엘의 주권 안으로 돌아온다.

   1967년 6일 전쟁에 승리함으로써 이스라엘은 예루살렘을 탈환했다. 현재 예루살렘은 이스라엘의 정치권 아래 있다.

3. 중동문제가 세계를 위험한 상태까지 끌어올린다.

   세계는 테러의 공포와 중동문제가 관련 있는 것을 실감하고 있다. 중동문제가 세계대전의 원인이 될 것이라는 사실을 부인할 사람은 아무도 없다.

4. 예루살렘이 세계의 주목을 받는 중요한 도시가 된다.

   테러조직의 행동은 이스라엘에 대한 증오에서 시작되고 있다. 예루살렘의 귀속권 때문에 민중봉기가 계속되고 있고, 많은 팔레스타인 및 이스라엘 사람들이 생명을 잃고 있다.
5. 유럽이 결집된 강대한 군사경제 지역으로 발전한다.

   2002년 1월 1일 유로화가 완전 도입되어 유럽에 거대한 경제권이 탄생했다.
6. 세계는 글로벌화 된다.

   세계경제가 글로벌화 되는 시대에 우리는 살고 있다.
7. 러시아가 유럽에 대항할 수 있는 세계적인 세력이 된다.

   소비에트 연방이 붕괴된 후에 역사 속에서 러시아가 다시 모습을 나타냈다. 현재도 핵을 대량으로 보유하고 있는 대국이다.
8. 아시아의 2억의 병사를 가진 강대한 군사세력이 존재하게 된다.

   중국은 유일한 공산주의 초강대국으로써 서방세계의 위협이 되고 있다. 1972년 단계에서 군사백서가 발표한 중국은 2억명의 병력을 가지고 있다고 발표하고 있 다.

이것이 마지막 날에 관한 징조의 모든 것은 아니지만, 이것만 보아도 알 수 있는 것처럼 성서가 기원전인 까마득한 옛날부터 말하고 있던 마지막 징조는 분명히 우리가 살고 있는 현대를 가리키고 있는 것이다.

그러므로 우리는 성서가 말하는 마지막 때에 살고 있는 세대라는 것이 틀림없다. 그것은 성서를 믿고 있는 사람들의 생각일 뿐이라고 일축하는 사람이 있을지도 모른다. 하지만, 성서의 예언은 매우 명확하고 오해할 여지가 없을 정도로 분명하게 기록되어 있다.

제2장

Bible Reality

성서가 밝혀주는 가까운 미래

Bible Reality **1**

이스라엘은 세계의 타임테이블

성서를 보면 이스라엘이라는 나라는 세계의 시계가 될 역할을 부여받고 있다. 그것은 이스라엘이 세계에 대한 '징조(徵兆)'라는 의미이다. 이스라엘을 보면 세계의 역사가 어디까지 와 있는지 알 수가 있다는 말이다.

다시 말하면, 이스라엘은 '종말의 때'를 아는 시각표이다. 성서는 기원전 오랜 옛날부터 종말의 날에 이스라엘이라는 작은 나라가 세계의 주목을 받게 될 것이라는 사실을 예언하고 있다.

구체적으로는 다음에 기술하겠지만, 종말의 날에 대한 분명한 징후의 하나는 세계의 눈이 이스라엘로 모아진다는 것이다. 현재 이스라엘을 둘러싼 중동문제야 말로 세계의 화약고라는 사실을 부정할 사람은 아무도 없을 것이다.

미국의 동시다발 테러의 배경에도 이스라엘에 대한 깊은 원한이 있다. 이슬람원리주의자의 적은 이스라엘이며, 그 이스라엘을 전면적으로 지원하는 유일한 초강대국인 미국의 존재는 그들에게 악의 온상인 것이다.

지난번 참사로 세계의 눈이 다시 이스라엘을 포함한 중동정세에 쏠리고 있다. 세계가 이스라엘 문제로부터 눈을 돌리고서는 참 평화를 획득할 수 없다는 사실을 알게 되었기 때문이다.

테러사건의 원인이 미국의 중동정책에 대한 실패에 있다고 지적하는 사람들까지 나타났다. 분명히 지금의 부시정권이 출범한 뒤에 미국은 지금까지 수행해온 중동평화프로세스와는 명백히 다른 이스라엘 중시의 자세를 선명히 하기 시작했다. 이에 대하여 아랍나라들의 반감은 매우 강하다. 10년 전 걸프전쟁에서도 이라크 후세인대통령의 전략은 이스라엘 문제와 연결시키는 것이었다. 그래서 링게이지라는 말이 유행하게 되었다.

이라크의 쿠웨이트 침공이 잘못되었다면 이스라엘이 유엔결의를 무시하고 아랍영토를 점령하고 있는 것도 문제라고 주장함으로써 그 때도 세계의 눈이 싫어도 이스라엘로 집중되었다. 분명히 성서가 말한 대로 세계는 움직이고 있다. 이스라엘로 세계의 눈이 모아지고 있다.

**확실하게
예언된
민족의 역사**

세계역사상 유태인만큼 파란만장하고 기구한 운명을 살아온 민족은 없다. 그들은 조국을 잃어버리고, 가는 곳마다 박해를 받으면서 2000년 동안 유랑생활을 했다. 그런데도 그들은 멸망하지 않고, 나라를 재건하여 세계최고 수준의 공군을 자랑하고, 지금도 세계의 주목을 받고 있다. 조국이 멸망한 민족으로서 5대 이상을 단일 민족으로서 순수성과 아이덴티티를 보존한 것은 유태인을 빼고는 달리 존재하지 않는다.

그들은 2000년 동안 민족의 혈통을 끊이지 않고 세대에서 세대로 그 전통을 계승하고, 역사와 종교를 공유하고, 민족의 긍지를 계속 지키면서 역사의 전면으로 다시 부상한 것이다. 유명한 역사가 아놀드 토인비는 "유태인이 존재하는 것 자체가 기적이다."고 말하였지만, 사실 그렇다.

그러나 이것도 다름 아닌 예수 자신이 2000년 전에 예언한 것이다. 신약성서 마태복음에 예수의 말씀이 기록되어 있다.

"내가 진실로 너희에게 말하노니 이 세대가 지나가기 전에 이 일이 다 이루리라."(마태복음 24:34)

이것은 제자들이 예수에게 "세상 끝에는 무슨 징조가 있습니까?"라고 묻자 그 대답으로 한 말이다. 여기에서 "이 일"이라고 말한 것은 예수 자신이 말한 종말의 징조를 말한다.

종말의 시대에 일어날 일이 전부 일어날 때까지 이 세대는 지나가지 않는다는 것이 이 말의 논지인데 이 문장을 원어로 읽으면 놀라운 예언이라는 사실을 알 수 있다.

여기에서 '세대'라고 번역된 헬라어는 '제이나'라는 말로, 이 말에서 제너레이션(generation)이 파생한 것이다. 또한 이 단어에는 'Nation'(민족)이라는 의미도 있다. 즉, 예수가 유태인을 가리켜서, "종말의 시대에 일어날 일이 전부 일어날 때까지 이 민족은 멸절하지 않는다."고 예언하고 있다. 유태인의 역사는 기원전부터 성서를 통하여 자세하게 예언되었고, 실은 그대로의 역사를 걸어왔다. 이것은 매우 불가사의한 일이다. 그 대표적인 몇 개를 열거해 보자.

유태인의 방랑과 박해

유태인이라는 말을 듣고 누구나 금방 떠올리는 것은 홀로코스트(holocost : 유태인대량학살)가 아닐까? 나치 독일에게 600만의 유태인이 살해된 사건이다. 아마 《안네의 일기》나 《쉰들러 리스트》라는 영화를 본 사람들이 많을 것이다.

기원후 70년에 로마제국에 의하여 예루살렘이 멸망한 뒤 그들은 나라를 갖지 못한 방랑의 민족으로서 이방문화 속에서 생활해왔다. 그리고 가는 곳마다 철저하게 박해당한 것이다. 히틀러에 의한 홀로코스트가 너무도 유명하지만, 실은 유태인에 대한 박해는 그보다 훨씬 전부터 있었다.

앞서 말한 70년에는 로마제국에 의하여 100만 명 가까운 유태인들이 학살되었다. 그 후에도 로마황제 하드리안누스 시대(117-138)에 약 60만 명의 유태인 남성이 학살되고, 많은 사람들이 추방당했고, 1306년에도 10만 명의 유태인이 사형을 선고받고 프랑스에서 추방되었다.

그 후 로마에서 페스트가 크게 유행하여 많은 사람들이 생명을 잃고 있을 때에도 유태인이 페스트의 원인이라고 하여 우비를 입게 하여 100만 명이상이 학살당했다. 1492년에는 스페인에서 추방당했고, 1600년대에는 폴란드에서 40만 명의 유태인이 학살당했다. 그리고 그 후 나치에 의하여 홀로코스트를 당했다. 이처럼 유태인의 박해는 쉬지 않고 계속되었던 것이다.

"여호와께서 너를 땅 이 끝에서 저 끝까지 만민 중에 흩으시리니 네가 그곳에서 너와 네 열조의 알지 못하던 목석우상을 섬길 것이라. 그 열국 중에서 네가 평안함을 얻지 못하며 네 발바닥을 쉴 곳도 얻지 못하고 오직 여호와께서 거기서 너의 마음으로 떨고 눈으로 쇠하고 정신으로 산란케 하시리니 네 생명이 의심나는 곳에 달릴 것 같아서 주야로 두려워하며 네 생명을 확신할 수 없을 것이라. 네 마음의 두려움과 눈의 보는 것으로 인하여 아침에는 이르기를 아하 저녁이 되었으면 좋겠다 할 것이요, 저녁에는 이르기를 아하 아침이 되었으면 좋겠다 하리라."(신명기 28:64-67)

이것이 기원전 15세기에 기록된 말이라는데 주목하자. 그들이 팔레스타인 땅을 획득하여 국가를 수립하기 이전에 씌어진 예언이다. 알겠지만, 이 가운데 '네'라고 표기된 것이 유태인이다. 실제로 그들은 이런 역사를 걸어온 것이다.

그 뿐만이 아니다. 기원전 8세기경에 활약한 호세아라는 예언자도 구체적으로 이렇게 예언하고 있다.

"저희가 듣지 아니하므로 내 하나님이 저희를 버리시리니 저희가 열국 가운데 유리하는 자가 되리라."
(호세아 9:17)

여기에 확실하게 열국(列國) 가운데서 '유리하는 자'가 된다고 예언되어 있다. 즉 '방랑의 민족'으로 살지 않으면 안 된다는 예언이다. 호세아는 기원전 8세기에 어떻게 이런 미래를 알 수 있었을까? 그리고 또한 예수는 이렇게 말한다.

"저희가 칼날에 죽임을 당하며 모든 이방에 사로잡혀 가겠고 예루살렘은 이방인의 때가 차기까지 이방인들에게 밟히리라."(누가복음 21:24)

예수는 확실하게 유태인이 여러 나라에 포로가 된다고 지금부터 2000년 전에 예언했다. 하지만, 그들은 지구상에서 사라지지는 않는다. 그것이 예수의 말씀이다.

오늘날 우리가 배우고 있는 역사와 그곳에 있는 현실은 이들 예언이 분명히 실현된 것을 증명하고 있다. 성서의 예언이 검증 가능한 것이라고 내가 말하는 것은 바로 이 때문이다.

노스트라다무스와 같이 이럭저럭해서 추상적으로 해석할 수 있는 것과는 달리, 성서의 예언은 매우 명료하고 알기 쉬운 말이 아닌가? 더구나 그것들을 역사 속에서 증명할 수 있다는 것은 경이로운 일이다.

유태인의 역사를 배울 때 예언한 대로 걸어온 민족이며, 아직도 멸절되지 않고 존재하고 있다는 불가사의한 현실에 직면한다.

신명기에 응축되어 있는 유태인의 역사

구약성서 39권 가운데 다섯 번째 책을 신명기(申命記)라고 부른다. 이것은 토라(모세가 기록한 구약성서 최초의 다섯 책-창세기, 출애굽기, 레위기 민수기, 신명기)이라고 일컬어지는 유태교도들이 가장 중요하게 여기는 것 중 하나이다.

이집트를 탈출한 후 40년 동안 광야에서 방랑생활을 거쳐 그들은 마침내 하나님이 아브라함에게 약속한 땅 가나안에 들어가게 된다. 이 생활 속에서 모세가 백성들 앞에서 말한 설교가 신명기인데, 그 안에는 축복과 저주의 선택이 백성들 앞에 놓여 있다는 이야기가 담겨져 있다. 만일 그들이 하나님의 말씀과 가르침에 따르면 축복을 받을 것이지만, 만일 따르지 않는다면 저주를 받게 될 것이라는 것이다.

그 가운데도 28장은 특히 매우 놀랄만한 내용이다. 요약하면 다음 두 가지가 쎄어져 있다.

1. 만일 하나님의 말씀을 따른다면 그들은 모든 민족들 가운데 가장 축복 받는 민족이 될 것이다.
2. 그러나 만일 따르지 않는다면 그들은 타국의 침략을 받고 유

태민족은 또다시 조국에서 쫓겨날 것이다. 첫 번째는 어떤 나라의 포로가 되고, 두 번째는 세계에 흩어져서 박해받게 될 것이다.

유태민족은 그 후에 모세의 후계자 여호수아의 인도로 가나안 땅에 귀환하고 거기서 국가로 발전하게 된다.

하지만, 그들은 하나님과의 계약을 잊어버리고, 하나님의 말씀에 따르지 않고, 우상숭배와 간음의 길을 선택하고 만다. 즉, 저주를 선택한 것이다. 신명기 28장은 그 저주의 내용에 대해서 말하고 있다.

"여호와께서 너와 네가 세울 네 임금을 너와 네 열조가 알지 못하던 나라로 끌어가시리니 네가 거기서 목석으로 만든 다른 신들을 섬길 것이며"(신명기 28:36)

여기에는 분명히 유태인이 '알지 못하던 나라'에 끌려가게 될 것이라고 예언하고 있다. 그로부터 800년 뒤 예언자 이사야는 그 나라가 바빌로니아(바빌론)라고 예언하여 분명하게 알려주고 있다.

"보라, 날이 이르리니 네 집에 있는 모든 소유와 네 열조가 오늘까지 쌓아 둔 것이 모두 바빌론으로 옮긴 바 되고 남을 것이 없으리라."(이사야 39: 6)

과연 이 예언은 그대로 실현되었다. 그것은 신명기의 예언에서 약 900년이 지난 뒤의 일이다. 기원전 606년 느부갓네살 왕이 이끄는 바빌로니아 제국의 군대가 이스라엘을 침략해서 대부분의 이스라엘 유태인들이 바빌로니아로 잡혀간 것이다.

그리고 결국 기원전 586년 예루살렘이 함락되고, 살아남은 사람들은 노예로서 바빌로니아에 끌려가게 된다. 그것만이 아니다. 기원전 600년경 예언자 예레미야는 바빌로니아의 포로기간이 70년간이 될 것이라고 정확하게 예언하고 있다.

"이 온 땅이 황폐하여 놀램이 될 것이며 이 나라들은 칠십 년 동안 바빌론 왕을 섬기리라."(예레미야서 25:11)

그리고 유태인은 예언한 그대로 70년 후에 바빌로니아에서 해방되어 조국으로 귀환한다. 유태인을 해방시키고 고향으로 귀환하도록 허가한 사람은 바빌로니아를 정복한 페르시아 왕 고레스인데, 놀랍게도 고레스가 태어나기 175년 전에 예언자 이사야는 그의 이름을 실명으로 예언하고 있는 것이다.(이사야 44:28, 45:13)

정말로 놀라운 일이다. 성서의 예언과 세계사의 교과서를 비교해 보면 거기에는 완전히 일치하는 부분이 있다.

다시 신명기 이야기로 돌아가자. 신명기 28장이 예언하고 있는 것은 이것뿐만이 아니다. 앞에서 말한 바와 같이 유태인이 저주를 선택한 경우 그들은 두 번 조국을 쫓겨난다고 기록되어 있다. 그리고 두 번째는 그들이 세계에 흩어지게 될 것이라고.

그 기록을 보자.

"곧 여호와께서 원방에서, 땅 끝에서 한 민족을 독수리의 날음같이 저를 치러 오게 하시리니 이는 내가 그 언어를 알지 못하는 민족이요."(신명기 28:49)

여기에는 또한 앞서와 다른 나라가 이스라엘을 공격해올 것이라고 예언되어 있다. 그리고 그것은 '독수리'와 같다고 기록되어 있다. 도대체 이 예언은 어떻게 실현되었던 것일까?

정말로 예언되어 있는 대로 다시 일어난다. 기원전 68년에 시작한 유태인의 독립운동을 진압하려고 기원후 70년 디도 장군이 이끄는 로마군이 쳐들어와 예루살렘을 철저하게 파괴하고 100만 명의 유태인을 학살한 것이다. 로마제국의 상징은 '독수리'였다. 놀라운 일치이다.

살아남은 유태인은 생명을 구하려고 세계 여러 나라로 피난하였고, 이 때부터 방랑의 역사가 시작된 것이다. 이렇게 씌어 있는 대로이다.

"여호와께서 너를 땅 이 끝에서 저 끝까지 만민 중에 흩으시리니 네가 그 곳에서 너와 네 열조의 알지 못하던 목석과 우상을 섬길 것이라."(신명기 28:64)

이렇게 보면 신명기 28장은 역사를 뒤집어 거꾸로 본 것처럼 유태인의 역사를 정확하게 평가하고 있다는 사실을 알 수 있다. 이것을 쓴 모세는 도대체 어떻게 이렇게 정확하게 수백 년, 혹은 수천

년 뒤의 민족이 걸어갈 길을 알 수 있었을까?

**마지막 때에
부활하는
이스라엘**

나는 앞서 세계의 눈이 다시 이스라엘로 향할 것을 성서가 예언하고 있다고 말한 바 있다. 이에 대해 설명하자.

성서는 분명히 세계 중에 흩어진 유태인이 다시 모여 조국을 재건할 때가 온다고 여러 번 말하고 있다. 예언자 에스겔의 말을 들어보자. 에스겔은 기원전 586년에 바빌로니아에 의해서 예루살렘이 함락되기 6년 전부터 22년간 예언자로서 활동한 인물이다. 그도 또한 지금부터 약 2500년 전에 나중에 유태민족이 걸어갈 운명을 극명하게 예언한 사람 가운데 한 사람이다.

"내가 너희를 열국 중에서 취하여 내고 열방 중에서 모아 데리고 고토에 들어가서"(에스겔 36:24)

"그러나 이스라엘 족속이 들어간 그 열국에서 더럽힌 내 거룩한 이름을 내가 아꼈노라."(에스겔 36:21)

이 두 예언은 분명히 여러 나라의 민족 가운데서, 그리고 사방으로부터 이스라엘이 다시금 모인다고 분명하게 말하고 있다. 따로 다른 해석을 할 수 없을 정도로 명확하게 말하고 있다.

이것만이 아니라, 예언자들은 여러 곳에서 방랑의 민족으로 세계에 흩어져서 살던 민족이 다시 모여서 고향으로 돌아올 것이라고 계속해서 예언하고 있다.

70년에 예루살렘이 철저하게 파괴되고 100만여 명의 유태인이 학살된 이래 유태인은 세계로 흩어지게 되었다. 이산 유태인 디아스포라(diaspora : 팔레스타인 외의 유태인 거주지)인 것이다. 이것은 앞서 말한 것처럼 모두가 세계사 시간에서 배우는 역사이다.

그러나 성서의 예언연구가들은 결국 마지막 때가 되면 이스라엘이라는 나라가 다시 같은 장소, 즉 고대 도시 예루살렘에서 일어나 부흥할 것이라는 사실을 믿어 의심치 않는다. 한 번 역사 속에서 그 모습이 사라졌던 나라가 다시 부활한다는 일이 있을 수 있을까? 그런 말도 안 되는 일이 일어날 수 있을까?

세계의 역사학자들은 성서의 예언을 믿지 않았다. 오랫동안, 사실상 1900년간, 정확하게는 1878년간 그런 일은 일어나지 않았다. 성서학자들은 세상 사람들에게 조롱을 당하고 혹평 당해왔다.

그러나 실제로 세계사 속에서 그런 일이 일어났다. 이스라엘이 재건된 것이다. 우리들이 오늘날 세계지도를 보면 고대 이스라엘이 번영을 누렸던 그곳에 분명히 이스라엘이라는 나라가 존재하고 있는 것이다. 그리고 그 수도야말로 성지 예루살렘이다.

**부활한
불사조
이스라엘**

1948년 5월 14일 이스라엘은 돌연히 그 모습을 드러냈다. 1900년간이나 역사 속에서 숨어 있던 나라가 홀연히 세계사의 무대에 모습을 나타낸 것이다. 한 번 멸망한 나라가 다시 재건되는 일은 세계사를 통틀어 이스라엘 외에 보이지 않는다. 정말로 이스

예루살렘 전경. 중앙에 보이는 것이 '바위의 돔'이다.

라엘은 기적이라고 해도 과언이 아니다. 그것만이 아니다. 이스라엘은 역사 속에서 잃어버린 언어가 된 '히브리어'('헤브라이어'라고도 한다)를 부활시킨 것이다.

그들 성서의 민족은 고대인이 사용했던 히브리어의 알파벳을 기본으로 해서 현대용어를 창작하여 현대에 다시 부활시킨 것이다. 그들은 성서 기록에 사용된 히브리어로 말하고 있는 것이다.

70년 이후 유태인들은 세계각지로 흩어지게 되었고, 종교적이든 문화적이든 완전히 다른 세계 속에서 살지 않으면 안 되었다. 모국을 잃어버리고 돌아갈 고향마저 존재하지 않았다. 그것도 수십 년, 수백 년이 아니고, 1900년간이나 되는 긴 기간이었다.

일본 국민은 외국생활 3대째가 되면 일본인의 정체성을 잃어버리고 만다고 한다.

미국에 가면 일본계 2세나 3세가 미국인으로 생활하고 있는 것을 보게 된다. 그들은 분명히 동양인의 얼굴을 하고 있지만, 실제로 일본인과는 분위기가 다르고, 그것만이 아니라 기본적으로 영어로 말하고 있다.

기억하고 있는 일본어라고 해봐야 '오까상'(어머니), 혹은 사람에 따라서 게이샤(기생) 정도를 말할 수 있는 정도이다. 그것도 일본이라는 나라가 건재해 있고, 많은 일본관광객이 왕래하고 있고, 거리에서 가끔 일본어가 들려지고, 텔레비전에서 일본어 방송까지 방영되고 있다. 친척이 일본에 살고 있는 사람도 많다.

그들에게 "너는 어느 나라 사람인가?"라고 묻는다면 분명히 "미국인이다."라고 대답할 것이다. 그들은 스스로 미국인이라고 인식하고, 그들이 가지고 있는 정체성도 미국인으로서의 정체성이다.

이런 것을 생각할 때 유태인들이 조국을 잃어버리고 박해와 학살의 역사 가운데서 1900년간이나 방랑생활을 하면서도 민족의식과 신앙을 잃어버리지 않고, 죽은 언어였던 히브리어를 부활시키고, 선조의 땅으로 귀환했다는 저력과 민족성은 우리의 상식으로는 이해할 수 없는, 정말로 경이적이라고 말할 수밖에 없다.

1948년 5월 14일은 정말로 대서특필해야 할 날이지만, 그러나 그 이상으로 주목하지 않으면 안 되는 것은 그것이 기록된 책 속에 극명하게 예언되어 있다는 사실이다.

종말의 시계가 움직이기 시작했다

종말의 날의 도래를 나타내는 징조 가운데 이스라엘의 부활이 특별히 중요한 사건이라는 사실을 독자는 분명히 기억해 두기를 바란다.

왜냐하면 성서가 말하는 '마지막 날'은 모두 '이스라엘이 존재한다고 하는 대전제'에서 씌어졌기 때문이다. 이것이 무슨 말이냐 하면 70년부터 1948년 사이에는 어떤 일이 있어도 성서가 말하는 마지막은 오지 않았다고 하는 것이다. 즉, 마지막 날을 알리는 시계가 멈춰 있었던 것이다. 왜냐하면 이스라엘이라는 나라가 존재하지 않았기 때문이다.

그러므로 성서학자들은 마지막 때가 되면 이스라엘이 다시 존재하게 될 것이라고 주장해왔다. 그리고 성서가 가르쳐 주는 대로 이스라엘이 다시 나타났다.

이것은 다름이 아니라 종말의 날이 언제 도래해도 좋다는 대전제가 이미 준비되었다는 것을 의미한다. 종말을 향한 카운트다운이 시작되었다는 말이다.

그렇기 때문에 1948년 이후, 세계사는 이전과는 전혀 다른 단계에 돌입한 것이다. 문자 그대로 마지막 날을 향한 마지막 카운트다운이 시작된 것이다. 제2차 세계대전 이후 종말을 향한 걸음이 가속도를 붙이고 있는 것이다. 예언이 하나하나 실현되고 있기 때문이다. 지금은 틀림없이 마지막 때이다. 시각은 11시 59분 30초를 가리키고 있다.

예수가 예언한 '이방인의 때가 차기까지'

예루살렘에 관해서는 예수 자신도 극명하게 그 운명을 예언하고 있다. 이것은 예수의 말씀이다.

"저희가 칼날에 죽임을 당하며 모든 이방에 사로잡혀 가겠고 예루살렘은 이방인의 때가 차기까지 이방인들에게 밟히리라."(누가복음 21:24)

독자 가운데는 '이방인의 때'라고 하면 "그게 뭐야?"라고 생각할 사람이 많을 것이다. 이방인이란 유태인의 관점에서 볼 때 외국인을 말한다. 예수는 예루살렘이 '이방인의 때가 차기까지' 황폐하게 짓밟힐 것이라고 명확하게 그 기간을 한정하고 있다. 즉, 예루살렘은 유태인이 아닌 이방인에게 지배당하고, 예루살렘 주권의 회복은 '이방인의 때'가 끝날 때까지라는 것이다.

그러면 '이방인의 때'는 언제 시작했던 것일까? 그것은 기원전 586년, 예루살렘이 이스라엘의 수도로 정해진 때로부터 시작해서 타국에게 함락된 때에 시작한다. 그것은 다름 아닌 바빌로니아 포로기이다. 예루살렘 주민의 거의 대부분이 학살되거나 바빌로니아에 포로로서 연행되었다. 예루살렘은 문자 그대로 바빌로니아에 의해서 황폐하게 되었다.

이때의 바빌로니아왕은 느브갓네살로서 고대사의 7대물가사의 가운데 하나인 바빌로니아의 공중정원을 건설한 왕이다. 예루살렘이 이방인에게 지배당한 것은 이때가 처음이며, 예수가 말한 이방인의 때라는 것은 역사 가운데 이 때에 막이 열린 것이다.

고대 바빌로니아 지방은 지금의 이라크로서 이라크의 후세인 대통령은 10년 전 걸프전쟁 때 자기가 느부갓네살 왕이 재림한 것이라고 호언했다. 그럴 정도로 이스라엘에 대한 증오가 깊다는 것을 말해주고 있는 것이다.

6일 전쟁은 이방인의 때의 종식

이후 예루살렘은 언제나 다른 나라의 침략을 받아왔다. 바빌로니아제국 다음에 일어난 것은 메도 족속의 페르시아 제국이며, 그 다음은 그리스 제국, 그리고 로마제국으로 그 지배권이 넘어갔다. 예수시대는 로마제국의 시대였다. 당시 예루살렘은 주권국가 이스라엘의 영토가 아니고, 어디까지나 로마제국의 한 관할 지역이었다.

그러나 1948년 이스라엘 공화국이 독립을 선언한 때에도 예수의 예언은 실현되지 않았다. 당시 이스라엘은 인구 겨우 60만 명으로 인구 8천만 명의 아랍연합군과 싸웠던 것인데 이스라엘이 압도적인 승리를 얻었다. 그 결과 독립을 선언한 것이지만, 그래도 성지 예루살렘을 탈환할 수가 없었던 것이다. 예루살렘은 여전히 이방인의 지배 하에 있었다. 당시에는 요르단이 통치하고 있었던 것이다.

그후 이집트의 나세르 대통령(1918-1970)이 이스라엘을 경제봉쇄하기 위해서 수에즈운하를 국유화한 것을 계기로 수에즈 동란, 즉 제2차 중동전쟁이 발발했다. 이 전쟁에서도 이스라엘은 승리한다. 그러나 예루살렘은 이스라엘의 영토가 되지 못했다.

그리고 1967년 이스라엘, 한 나라에 대하여 전 아랍제국이 참전하여 중동은 전면전쟁으로 발전했다. 세상에서 말하는 6일 전쟁이다. 이스라엘 군은 이 전쟁에서도 압도적인 강함을 보이고 승리했다. 이 전쟁의 결과 이스라엘은 드디어 선조 다윗이 세운 도시 '성지 예루살렘'을 자국의 영토로 탈환한 것이다.

문자 그대로 2천년 전의 예수 말씀이 실현된 것이다. '이방인의 때'가 끝난 것이다. 얼마나 놀라운 시대에 우리가 살고 있는 것인가! 현대는 성서가 말하는 마지막의 징조가 구체적으로 실현되고 있는 시대인 것이다.

성서를 이해하는 것은 오늘의 세계정세를 이해하는 중요한 자료가 되고, 성서의 내용을 이해하지 못하면 세계정세를 이해할 수 없다고 내가 주장하는 이유를 조금은 알게 되지 않았을까?

그리고 제4차 중동전쟁

여기에서 그 후의 이스라엘 정세에 대하여도 간단히 정리해보자. 1973년 중동은 다시 전화에 휩싸인다. 제4차 중동전쟁이다. 당시에는 냉전시대이며 이스라엘과 아랍 쌍방은 미국과 소련 양국에 의해서 본격적인 무기원조를 받고 골란고원이나 시내반도에서 격렬한 전투가 계속되었다.

결국, 이라크, 사우디아라비아, 쿠웨이트, 모로코, 수단, 요르단, 튀니지아가 계속해서 파병하여 이스라엘을 포위했다. 과거 세 번의 전쟁에서 강함을 보여 주었던 이스라엘이지만, 이때 처음으로 어려운 전쟁을 겪어야 했다.

이집트와 시리아의 양군이 남북으로 4천대의 전차를 진격시켜 처음 3일간에 최전선을 지키던 이스라엘 병사 90%의 목숨이 날아갔다. 이스라엘이 완패한 것이다. 이때 열세발의 원자폭탄이 이스라엘 영내의 다섯 개 공군공항에 배치된 것을 구소련의 스파이 위성이 탐지했다. 여기에 대항하기 위해서 구소련은 즉시 시리아에 핵미사일을 수송했는데 이번에는 그것을 이스라엘 정보부(모사드)가 탐지했다.

이 사태를 듣고 당시 닉슨 대통령이 즉시 움직여 미국의 압력으로 이스라엘군이 현재의 정전상태를 승복하게 했다. 그대로 가면 미소(美蘇)의 대결이라는 최악의 시나리오로 발전할 위험성이 있었기 때문이다.

제4차 중동전쟁의 결과, 아랍제국은 석유를 무기로 결속하여 이스라엘을 돕는 나라에 대한 원유수출을 중지시켰다. 석유를 거의 중동 여러 나라에 의존하고 있고, 자원이 없던 일본은 그 영향을 엄청나게 받았다. 오일쇼크이다. 원유가격은 전쟁 전보다 15배 정도 인상되어 세계적인 불황이 찾아왔다. 중동정세는 이처럼 내일의 우리 생활과 밀접한 관련이 있다.

다음은 우리 교회를 찾아온 경제산업부 공무원과의 대화 중 한 토막이다.

"지금 중동에서 다시 전쟁이 일어난다면 일본은 한방에 쓰러집니다. 에너지의 태반을 중동에서 수입하고 있기 때문이지요."

내가 이렇게 말하니까,

"정말 그렇습니다. 성서를 이해하고 중동정세를 바르게 파악하는 일은 실로 내일의 일본 에너지와 관계되는 중대한 일이지요."

하고 그가 대답했다.

미국이 이스라엘을 지원하는 이유

이 전쟁을 계기로 많은 나라들이 이스라엘과 우호관계를 끊었다. 각국의 에너지 사정을 볼 때 중동 산유국의 감정을 해치는 일이 좋은 처세가 아니었기 때문이다.

당시와 현재는 세계정세가 확연히 다르지만, 복잡한 상황을 거쳐서 현재 미국만이 세계에서 유일하게 이스라엘 지원국으로서 ODA(정부개발원조)의 30%를 이스라엘에 계속 투입하고 있다. 미국이 이스라엘을 끝까지 지원하는 이유는 아무래도 대단한 영향력을 자랑하는 유태사회의 로비가 존재하기 때문이다.

미국의 경제를 지키고 있는 것은 유태인의 돈이다. 미국 은행의 태반이 유태계 은행이며, 주요 기업의 경영자 대부분이 유태인이다. 또 연방의원 중에도 유태인이 많다. 음악계는 원래부터 그렇고, 영화산업, 매스컴 등 찾아보면 끝이 없을 정도인데, 실로 미국은 인구 600만의 유태인이 움직이는 나라라고 해도 과언이 아니다.

뉴욕 동시 다발 테러사건이 일어났을 때 매스컴은 미국의 상징이 뉴욕이라고 썼는데, 실제로 뉴욕이야말로 유태인의 힘의 상징이다. 테러리스트가 누드린 곳은 사실상 유태의 중심지였던 것이다.

여기에 관해서는 제6장에서 좀더 자세하게 기술하겠지만, 사실 미국사회의 구조를 바로 이해하지 못하면 뉴욕의 테러가 무슨 의미였는지도 이해하기 힘들다. 하지만, 성서를 읽으면 마지막 때에는 이스라엘이 세계로부터 고립된다는 사실이 예언되어 있다.

추측컨대, 가까운 장래에 이스라엘의 유일한 지원국인 미국도 이스라엘에서 손을 떼는 날이 올지도 모른다. 이미 그 징조는 시작되고 있다.

이슬람 과격파의 테러활동을 억제하려면 이스라엘에서 손을 떼는 것이 가장 설득력 있는 정책이기 때문이다. 이슬람 과격파들은 자기들의 적인 이스라엘을 미국이 철저하게 지원하고 있기 때문에 테러의 표적으로 삼고 있을 뿐이다.

앞으로 미국 국내에 테러의 후유증이 만연하고 불안에 의한 정세악화가 심각하게 되면 미국 국내의 여론이 이스라엘 지원을 어렵게 하는 분위기로 바뀔 가능성도 있다. 테러는 이러한 의미에서 미국의 중동정책에 앞으로 큰 영향을 줄 것이다.

어처구니 없는 팔레스타인 난민

제1차 중동전쟁 때 팔레스타인 아랍인들은 요르단 서안과 가자지구로 피난했다. 그들은 곧 집으로 돌아갈 것이라고 생각했다. 그러나 아랍측이 이스라엘에 패한 결과 그들은 돌아갈 수 없게 되었다. 이것이 팔레스타인 난민인 것이다.

유태인들은 1900년이 지나서 조국으로 귀환했다. 하지만, 그 때까지 거기에 살고 있던 팔레스타인 아랍인들은 결과적으로 퇴거하지 않을 수 없게 되었다. 우리들로서는 정말로 이해하기 힘든 이야기이다. 그러나 이렇게 생각하면 이해하기 쉽다.

이를테면, 당신이 3개월 정도 자택을 비우고 여행을 떠났다고 하자. 그 집은 당신의 명의이고 당신이 상속한 선조의 토지이다. 그러나 돌아와서 보니 당신이 알지 못하는 사람이 살고 있지 않은가? 그렇게 되었다면 당신은 화를 내면서 이렇게 말하지 않을까?

"당신들 도대체 여기서 뭘 하고 있소? 여기는 우리 집이오. 나가 주시오." 이것은 당연한 주장이다.

만일 당신의 여행기간이 1년이었다면 어떻게 될까?

"1년이 지났든지 어쨌든지, 그것은 우리 집이야!" 그렇게 생각하지 않을까? 그 집의 주인으로서 당신은 당연한 권리를 주장할 것이다.

이번에는 10년 비워 두었다면, 아니 50년 비워두었다면? 그래도 "여기는 우리 집의 토지이다. 선조 대대로 이 집을 소유하고 있었다. 보라, 이것이 등기부이다."라고 말할 수 있을까?

자기권리를 주장할 수 있는 햇수는 비워두고 나서부터 몇 년까지라고 생각할 수 있을까? 그런데 당신의 자손이 1900년 후에 당신의 토지로 돌아왔다. 그 손에는 확실히 당신 명의의 등기부를 가지고 있다…….

간단히 말하면 이것이 팔레스타인 문제인 것이다. 1900년이 지난 지금, 전 세계 각지에서 귀환한 유태인들은 토지의 권리를 자기들이 가지고 있다고 주장하고 있다. 그 근거로 그들이 제시한 등기부가 다름 아닌 성서인 것이다. 그것이 아브라함의 계약이나.

"이 토지는 하나님이 우리의 선조 아브라함에게 준 땅이며, 우리들은 여기에서 살 당연한 권리를 갖고 있다." 이것이 그들의 주장이다.

일본에서는 모리(森 喜朗) 전 수상이 '신의 나라' 발언으로 큰 문제가 된 적이 있다. 그러나 이스라엘에서는 정치 현장에서까지 일상적으로 나오는 용어이다. 그들은 정치 무대에서 하나님 이야기를 할 때는 창세기 12장에 있는 아브라함의 계약을 언급한다. 팔레스타인에서 영토문제가 일어날 때마다 성경을 이야기하고 있다고 해도 과언이 아니다.

PLO
(팔레스타인
해방기구)

한편 팔레스타인 난민들은 이스라엘의 존재를 인정하지 않는다는 기본자세를 버리지 않고 게릴라화 하고 있다. 그것이 PLO(팔레스타인 해방기구)이다.

그들은 압도적인 군사력을 자랑하는 이스라엘에 대항하여 정식으로 싸워 승리할 수 없다는 것을 알고 세계에 자신들의 주장을 알리기 위해서 가장 효과적인 수단인 테러행위를 계속해왔던 것이다.

분쟁이 일어나면 언제나 대량의 난민이 발생하는데, 난민들에 대한 이웃 여러 나라의 대응은 매우 중요한 문제라고 할 수 있다. 중동이 전화에 휩쓸렸을 때 팔레스타인과 같은 피를 가진 아랍 여러 나라는 난민을 받아들이는데 난색을 표했다. 그들은 같은 이슬람이지만, 이웃 요르단도, 레바논도, 팔레스타인 난민을 받아들이지 않았다.

아랍 여러 나라는 난민이 존재하는 것이야말로 이스라엘 건국의 문제를 세계에 알리는 가장 좋은 자료라고 여겼다. 그런 생각에서 같은 이슬람이면서도 그들을 원조하지 않은 역사가 있다. 그리고 실질적으로 난민캠프를 도운 것은 유엔을 중심으로 하는 서방자금(西邦資金)이다.

하지만, 1948년 이후 투입된 막대한 팔레스타인 난민구제 원조금은 난민캠프에 살고 있는 일반 팔레스타인 사람들에게 돌아가지 않았다.

그들은 언제나 가난하다. 난민이 극빈 상태에서 존재하는 것은 PLO가 국가수립의 필요성을 국제여론에 호소하는 가장 설득력 있는 방법이기 때문이다. 결과적으로 PLO는 일부의 자본가와 대다수의 극빈시민이라는 어디나 있는 모순구조를 만들어냈다.

내 친구 가운데 시카고에 살고 있는 저널리스트가 있다. 그는 최근 PLO 내부에 잠입하여 다큐멘터리 프로그램을 제작했다. 그는 프로그램에는 사용하지 않는다는 조건으로 PLO 간부와 인터뷰에 성공했다. PLO 간부의 자택에 잠입할 수 있었던 것이 미국인으로서 그가 처음이었다고 한다. 프로그램 제작 후에 그는 나에게 이렇게 말했다.

"그들은 미국에서도 본 적이 없을 정도로 큰 부자다. 아마도 당신은 상상도 못할 것이다. 금으로 장식되어 있는 그들의 저택은 구미의 어느 곳과 비교해도 뒤지지 않는다. 아니, 나는 그런 집을 본 적이 없다. 세계 여러 곳에서 보내온 거액의 원조금으로 그들은 억만장자가 된 것이다."

아랍인이란 어떤 사람들인가?

중동문제를 말할 때 빼놓을 수 없는 것이 아랍인의 존재이다. 아랍인은 이스라엘 사람과 정말로 그렇게 나쁜 사이일까? 아니, 사실 그것은 큰 오해이다. 아랍인도, 이스라엘 사람도 같은 아브라함의 자손이다. 사실 그들은 동족인 것이다.

아브라함에게는 정실 사라가 있었다. 사라한테 태어난 아이가 이삭이고, 이삭의 아들이 야곱(후에 이스라엘)이다.

고대 메소포타미아의 족장시대는 엄격한 가부장제로서 여자의 가치는 건강한 남자를 낳느냐 못 낳느냐에 따라 결정되었다. 그런데 정실부인인 사라는 불임이었다. 그리고 그녀는 고령이었기 때문에 출산이 거의 불가능했다.

그래서 사라는 남편 아브라함에게 이집트인 노예 하갈을 취하라고 진언했다. 하갈을 통하여 아브라함의 자손을 갖게 하기 위해서였다. 당시 그런 습관은 일반적인 일이었다.

그리고 이집트인 노예 하갈은 아들을 낳았다. 이 아이가 이스마엘인데, 그가 바로 아랍의 시조인 것이다. 따라서 그들은 같은 아버지를 가진 이복형제가 된다. 그렇다면 왜 이렇게까지 서로 미워하게 되었을까? 그것은 다음에 말하도록 하자.

증명된 예언의 신빙성

성서의 예언이라면 믿지 않는, 그리고 반감을 갖는 사람이 적지 않을 것이다. 그러나 성서의 예언을 둘러싼 이야기 가운데 근년에 세상을 깜짝 놀라게 한 큰 뉴스가 있다. 그것은 사해사본(死

海寫本)의 발견이다.

구약성서의 유명한 예언서 가운데 이사야서라고 부르는 예언서가 하나 있는데 이 책에는 실로 놀라운 예언이 많이 수록되어 있다. 예수가 어떻게 태어날까, 그리고 어떻게 죽을까라는 것에 대해서 상세히 예언되어 있는 것이다.

예수가 2천년 전에 십자가형에 처해졌다는 이야기는 너무도 유명한 것이지만, 실은 그 전경을 꼭 본 것처럼 구체적으로 분명하게 기록한 구절이 있다. 그것이 이사야서 53장이다.

이사야 53장은 십자가의 전경뿐 아니라, 왜 메시아가 십자가에 달리지 않으면 안 되는지에 대한 이유까지 분명하게 기록하고 있다. 그리고 그것은 십자가 교리의 근간과 완전히 일치하고 있는 것이다. 이사야서는 예수가 태어나기 700년 전에 기록된 것이다.

그러나 특히 이 53장에 관해서는 그 기술이 너무도 정확하기 때문에 많은 비판을 받아 왔다. "이것은 그리스도의 십자가를 목격한 제자들이 이사야가 쓴 예언처럼 보이게 하기 위해서 이사야서에 삽입한 것"이라고 조롱했다.

그런데 1947년 세기의 대 발견이 세계를 진동시켰다. 여리고의 남쪽 11킬로 사해 서쪽 약 1.6킬로 지점에 있는 길베트 쿰란에서 베들레헴으로 물건을 실어 나르고 있던 베두인 소년이 우기(雨期)가 아니면 물이 없는 강에서 길을 잃어버린 염소를 찾다가 일부가 붕괴된 동굴을 발견했다.

그들은 동굴 속에서 두루마리 끝이 나와 있는 깨어진 항아리를 발견했고, 그 항아리를 예루살렘에 있는 시리아정교의 성마가수도

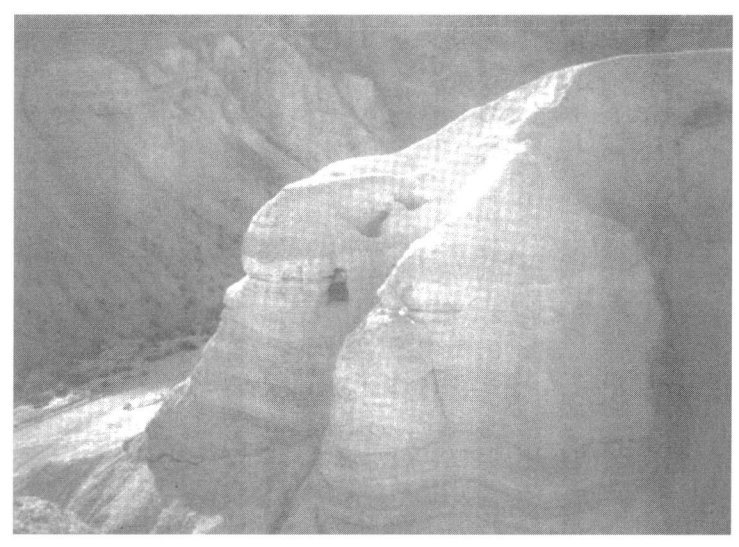

사해의 서쪽에 있는 길베트 쿰란의 동굴

원에 맡겼다. 거기서 두루마리는 예루살렘에 있는 미국 동양 연구소로 감정을 받기 위해서 보내졌다.

두루마리 속에는 그 때까지 알려지지 않았던 히브리어 구약성서의 어떤 사본보다도 천년이나 더 오래된 이사야서가 들어 있었던 것이다. 그것은 오늘날 우리들이 가지고 있는 이사야서와 완전히 똑같은 것이었다.

두루마리는 길이 약 7m에 세로 25cm, 가로 38cm의 양피지 17매를 포개어 만든 것으로 고대 히브리어로 씌어져 있었다. 감정결과 기원전 2세기의 것이라는 정확한 결론을 얻었다. 정말로 놀라운 발견이었다. 이 발견은 이사야 53장이 틀림없이 예수 이전부터 이사야서 속에 들어 있었다는 사실을 증명한 것이다. 이 사본 발견 뉴스는 세상에 널리 알려졌다. 성서의 신빙성이 세계로 클로즈업된 것이다.

   그런 가운데 다음해 5월 14일, 이스라엘은 예언과 같이 돌연 역사 속에 다시 그 모습을 나타낸 것이었다.

Bible Reality 2

떠오르는 유럽

지금부터는 성서가 밝혀주는 가까운 미래에 관한 매우 중요한 하나의 표적에 관하여 말하고 싶다. 여러분들이 이것을 바르게 이해한다면 미국의 동시다발 테러사건의 주모자가 오사마 빈 라덴이 아니라고 내가 단정하는 이유를 알게 될 것이다.

느부갓네살왕의 이상한 꿈

기원전 6세기 지중해 일대를 지배하고 있던 것은 저 유명한 느부갓네살왕이 이끄는 바빌로니아 제국이었다. 고대 사회의 7대 불가사의 중 하나인 공중정원을 건설한 위대한 국가이다.

이스라엘은 그 이전 솔로몬 왕조시대에 일어났던 쿠데타로 남과 북이 분열되고 북왕국은 이미 100년 전에 아시리아 제국에 의해 멸망당했다. 남아 있던 것은 예루살렘을 중심으로 하는 영토를 간신히 지키고 있던 남왕국 유다였다.

그러나 기원전 606년 예루살렘은 동쪽에서 공격해 오던 바빌로니아에 의해 점령당하여 예루살렘의 유력한 인사들은 거의 모두 바빌로니아로 연행되었다. 그 후 586년에 마침내 예루살렘은 파괴되었다. 이것이 세상에서 말하는 '바빌론 포로'이다.

그 포로 가운데 유다족 출신의 유태인 소년 다니엘이 있었다. 느부갓네살 왕은 연행되어온 이스라엘 귀족 가운데 자기 궁전에서 일할 사람 20명을 임명했다. 다니엘도 선택되었다. 다니엘은 유태인이 출입할 수 없는 궁전에서 특별한 교육을 받고 왕을 돌보는 일꾼으로 훈련을 받았다.

하지만, 다니엘은 독실한 신앙으로 바빌로니아 풍습에 동화되는 것을 거부하고 모세의 율법을 굳게 지키는 삶을 유지하려고 했다. 궁전의 장관도 그런 다니엘에게 호의를 베풀고 그가 유태율법에서 배운 식생활을 할 수 있도록 허락했다.

그러던 어느 날 느부갓네살 왕이 꿈을 꾸었다. 그의 치세 2년째의 일이었다. 매우 무서운 꿈이라서 그는 공포에 휩싸였다. 그것은 한 번뿐 아니라 몇 번이고 계속되었다. 악몽 때문에 잠을 자지 못하고 밤을 지새웠다. 왕은 그 꿈에 특별한 의미가 있다고 느꼈다. 그는 전 바빌로니아에서 점쟁이와 마술사를 불러 자기 꿈의 해석을 의뢰했다.

하지만, 누구 하나 그 꿈의 의미를 밝힐 수가 없었다. 격노한 왕은 국내에 거주하는 박사라고 부르는 사람들을 모두 처형하도록 명령했다. 이 명령에 따라 다니엘도 처형당하게 되었다. 그도 박사로 인정받고 있었던 것이다.

다니엘은 이 비극을 듣고 "내가 그 꿈의 의미를 해석해 드리겠습니다." 하고 나섰다. 이스라엘의 하나님이 그 꿈을 해석하여 주었다고 선언한 것이다. 그리고 다니엘은 놀랍게도 왕이 꾼 꿈을 맞춰서 그 의미를 해석해준 것이다.

그의 공적에 따라 왕이 내린 처형 명령은 취소되었고, 다니엘을 비롯하여 처형 리스트에 실려 있던 모든 사람이 목숨을 건지게 되었다. 다니엘이 해석한 꿈은 실로 성서가 말한 '종말의 날'에 일어날 매우 중요한 사건을 기록하고 있다. 그것은 종말시대의 세계정세를 해석하는 중요한 자료이기도 하다.

어쨌든, 노예였던 다니엘은 꿈을 해석하는 능력으로 바빌로니아 제국에서 출세한다. 이 꿈 해석이 다니엘이 예언자로서 활동을 시작하는 계기가 되었다. 그러면 느부갓네살왕이 꾼 꿈은 어떤 것이었을까?

다니엘이 밝혀준 수수께끼

그 장면을 구약성서에 기록된 대로 보자. 다니엘서 2장 27절부터 48절의 기록이다.

"다니엘이 왕 앞에 대답하여 가로되 왕의 물으신 바 은밀한 것은 박사나 술객이나 박수나 점장이가 능히 왕께 보일 수 없으되 오직 은밀한 것을 나타내실 자는 하늘에 계신 하나님이시라. 그가 느부갓네살왕에게 후

일에 될 일을 알게 하셨나이다. 왕의 꿈 곧 왕이 침상에서 뇌 속으로 받은 이상은 이러하니이다. 왕이여, 왕이 침상에 나아가서 장래 일을 생각하실 때에 은밀한 것을 나타내시는 이가 장래 일을 왕에게 알게 하셨사오며 내게 이 은밀한 것을 나타내심은 내 지혜가 다른 인생보다 나은 것이 아니라 오직 그 해석을 왕에게 알려서 왕의 마음으로 생각하던 것을 왕으로 알게 하려 하심이니이다. 왕이여, 왕이 한 큰 신상을 보셨나이다. 그 신상이 왕의 앞에 섰는데 크고 광채가 특심하며 그 모양이 심히 두려우니 그 우상의 머리는 정금이요, 가슴과 팔들은 은이요, 배와 넓적다리는 놋이요, 그 종아리는 철이요, 그 발은 얼마는 철이요, 얼마는 진흙이었나이다. 또 왕이 보신즉 사람의 손으로 하지 아니하고 뜨인 돌이 신상의 철과 진흙의 발을 쳐서 부숴뜨리매 때에 철과 진흙과 놋과 은과 금이 다 부숴져 여름 타작마당의 겨같이 되어 바람에 불려간 곳이 없었고 우상을 친 돌은 태산을 이루어 온 세계에 가득하였었나이다. 그 꿈이 이러한즉 내가 이제 그 해석을 왕 앞에 진술하리이다. 왕이여, 왕은 열왕의 왕이시라 하늘의 하나님이 나라와 권세와 능력과 영광을 왕에게 주셨고, 인생들과 들짐승과 공중의 새들, 어느 곳에 있는 것을 무론하고 그것들을 왕의 손에 붙이사 다 다스리게 하셨으니 왕은 곧 그 금머리니이다. 왕의 후에

왕만 못한 다른 나라가 일어날 것이요, 셋째로 또 놋 같은 나라가 일어나서 온 세계를 다스릴 것이며, 넷째 나라는 강하기가 철 같으리니 철은 모든 물건을 부숴 뜨리고 이기는 것이라 철이 모든 것을 부스는 것같이 그 나라가 못 나라를 부숴드리고 빻을 것이며 왕께서 그 발과 발가락이 얼마는 토기장이의 진흙이요, 얼마 는 철인 것을 보셨은즉 그 나라가 나누일 것이며 왕께 서 철과 진흙이 섞인 것을 보셨은즉 그 나라가 철의 든든함이 있을 것이나 그 발가락이 얼마는 철이요 얼 마는 진흙인즉 그 나라가 얼마는 든든하고 얼마는 부 쉬질 만할 것이며 왕께서 철과 진흙이 섞인 것을 보셨 은즉 그들이 다른 인종과 서로 섞일 것이나 피차에 합 하지 아니함이 철과 진흙이 합하지 않음과 같으리이 다. 이 열왕의 때에 하늘의 하나님이 한 나라를 세우 시리니 이것은 영원히 망하지도 아니할 것이요, 그 국 권이 다른 백성에게로 돌아가지도 아니할 것이요, 도 리어 이 모든 나라를 쳐서 멸하고 영원히 설 것이라 왕이 사람의 손으로 아니 하고 산에서 뜨인 돌이 철과 놋과 진흙과 은과 금을 부숴드린 것을 보신 것은 크신 하나님이 장래 일을 왕께 알게 하신 것이라 이 꿈이 참되고 이 해석이 확실하니이다. 이에 느부갓네살 왕 이 엎드려 다니엘에게 절하고 명하여 예물과 향품을 그에게 드리게 하니라. 왕이 대답하여 다니엘에게 이

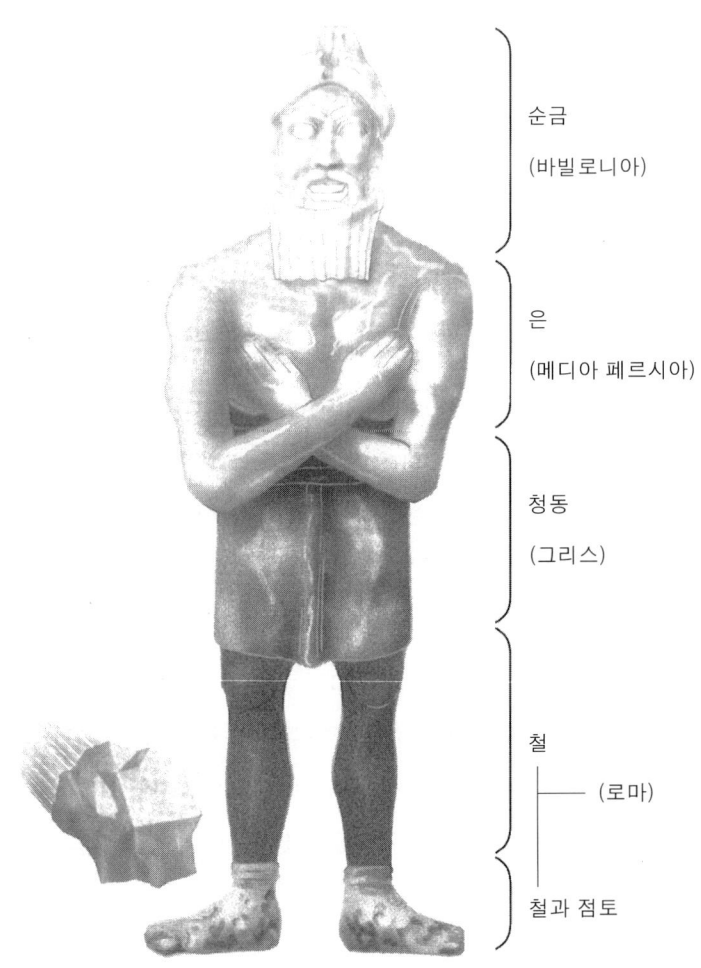

다니엘이 풀어준 꿈에 나온 형상

르되 너희 하나님은 참으로 모든 신의 신이시요 모든 왕의 주재시로다. 네가 능히 이 은밀한 것을 나타내었으니 네 하나님은 또 은밀한 것을 나타내시는 자시로다. 왕이 이에 다니엘을 높여 귀한 선물을 많이 주며 세워 바벨론 온 도를 다스리게 하며 또 바벨론 모든 박사의 어른을 삼았으며"

**세계제국
흥망의
예언**

이상이 꿈과 해석의 내용인데 느부갓네살 왕이 본 것은 이상한 동상이었다. 그 동상은 금 머리가 느부갓네살이고 당시 영화를 누리던 바빌로니아 제국이라고 한다. 그리고 은 가슴과 양팔은 그 다음에 흥할 나라이고, 청동 배와 허벅지는 제3의 나라이다. 그리고 마지막의 철다리는 그 후에 흥할 제4의 나라라는 것이다.

이것은 이 예언이 이루어진 당시의 지중해 세계를 지배하는 4개 제국의 흥망의 역사를 예언하고 있었던 것이다. 매우 흥미로운 것은 이것이 '마지막 날에 일어날 일'이라고 명확하게 말하고 있는 것이다.

그리고 또 하나 놓칠 수 없는 것은 제4의 나라가 존재하고 있을 때 하나님이 또 하나 별도의 나라를 세운다는 것이다. 그것은 '사람에 의하지 않은 돌'이라고 표현되고 있는데 이 다섯 번째 나라가 네 번째 나라를 쳐서 그것은 소실되고 다섯 번째 나라가 영원히 계속된다는 것이다.

반복되는 다니엘의 꿈

그로부터 40년 후에 이번에는 다니엘 자신이 꿈을 꾸었다. 그것은 이 꿈과 완전히 같은 것이었다. 그러나 이 꿈속에서 네 번째 나라는 네 마리의 짐승 모습을 하고 있었다. 이렇게 기록되어 있다.

"바벨론 왕 벨사살 원년에 다니엘이 그 침상에서 꿈을 꾸며 뇌 속으로 이상을 받고 그 꿈을 기록하며 그 일의 대략을 진술하니라. 다니엘이 진술하여 가로되 내가 밤에 이상을 보았는데 하늘의 네 바람이 큰 바다로 몰려 불더니 큰 짐승 넷이 바다에서 나왔는데 그 모양이 각각 다르니 첫째는 사자와 같은데 독수리의 날개가 있더니 내가 볼 사이에 그 날개가 뽑혔고 또 땅에서 들려서 사람처럼 두 발로 서게 함을 입었으며 또 사람의 마음을 받았으며 다른 짐승 곧 둘째는 곰과 같은데 그것이 몸 한편을 들었고 그 입의 잇 사이에는 세 갈빗대가 물렸는데 그에게 말하는 자가 있어 이르기를 일어나서 많은 고기를 먹으라 하였으며 그 후에 내가 또 본즉 다른 짐승 곧 표범과 같은 것이 있는데 그 등에는 새의 날개 넷이 있고 그 짐승에게 또 머리 넷이 있으며 또 권세를 받았으며 내가 밤 이상 가운데 그 다음에 본 넷째 짐승은 무섭고 놀라우며 또 극히 강하며 또 큰 철 이가 있어서 먹고 부숴뜨리고 그 나

머지를 발로 밟았으며 이 짐승은 전의 모든 짐승과 다
르고 또 열 뿔이 있으므로"(다니엘서 7:1-7)

이 꿈을 꾼 다니엘은 마음이 동요하여 이 꿈을 해석하기를 원했다. 그러니까 그에게 직접 계시가 주어졌다.

"그 네 짐승은 네 왕이라 세상에 일어날 것이로되 지
극히 높으신 자의 성도들이 나라를 얻으리니 그 누림
이 영원하고 영원하리라."(다니엘서 7:17-18)

결국 이 두 꿈은 기본적으로 같은 사건에 대한 계시임을 알 수 있다. 한 번 더 정리해 보면 이들 두 꿈은 바빌로니아 제국에서 시작하여 그 땅에 흥할 네 개의 제국에 관한 예언이며, 네 번째 나라 다음에 영원한 나라인 '지극히 높으신 자의 성도들의 나라'가 나타난다고 하는 이야기이다.

**정말로
그렇게 된
세계사**

정말로 세계사는 이와 같이 실현되었다. 결코 멸망할 리가 없다고 생각되었던 금머리인 바빌로니아 제국을 멸망시킨 나라가 나타난 것이다. 그 나라를 지배한 제국은 페르시아였다.

그리고 페르시아를 멸망시키고 지중해 세계를 헬레니즘화 시킨 것이 유명한 알렉산더 대왕이 이끈 그리스 제국이다. 하지만, 이 위대한 제국마저도 영원히 계속되지는 못했다. 그리스 제국을 멸망시키고 지중해 세계를 통일시킨 최강의 나라가 다름 아닌 로마제국이다. 다니엘서가 가리키는 대로 바빌로니아 제국을 포함한 네 개의 대제국이 분명히 이 땅에서 일어났던 것이다.

다니엘서도 신명기 28장과 같이 우리가 세계사에서 확인할 수 있는 역사를 사전에 예언한 놀라운 책이다. 신명기가 유태민족에 관한 예언이었던 것에 반해서 다니엘서는 4대 제국에 관한 예언이라는 점에서 특필해야 할 책이다.

사람 손에 의하지 않는 돌이란?

느부갓네살의 꿈도, 다니엘의 꿈도 원래 로마제국까지의 4대제국의 흥망에 관한 예언이라는 것은 이미 보아온 대로이지만, 제4의 제국인 로마의 시대에 "사람 손에 의하지 않은 돌이 로마제국을 친다."고 씌어져 있다.

성서 가운데 키워드의 하나로 '돌'이 있다. 돌이란 성서 가운데서 상징적으로 그리스도를 나타내는 용어이다. 분명히 그리스도가 활동한 시대는 유태가 로마제국의 지배 하에 있던 때였다.

그러나 그 돌이 로마제국을 치고, 그 후에 영원히 계속되는 나라가 흥한다고 한다. 정말로 그 나라란 도대체 무엇을 의미하는 것일까? 이것이야말로 성서의 또 하나의 키워드인데 '하나님 나라'라고 부르는 것이다.

유태인들은 하나님의 나라란 자기들 유태인이 기다려온 메시아가 지배하는 유태 독립국가라고 생각하고 있다. 박해의 역사를 이어온 그들이 대망하고 있었던 것이야말로 박해 없는 완전한 평화의 수립이며, 모든 압정으로부터 해방되고 유태인의, 유태인에 의한, 유태인을 위한 국가를 수립하는 것이다.

그리스도가 공적인 활동을 개시했을 때의 제일성이 "하나님의 나라가 가까왔다. 회개하고 복음을 믿으라."라는 것이었다. 제자들은 모두 유태인이므로 이 "하나님의 나라가 가까왔다."라는 말을 지금이야말로 예수가 로마권력을 분쇄하고 유태인 독립국가를 세워줄 것이라고 기대하고 그를 따랐던 것이다.

예수가 처형되어 의기소침하고 있던 제자들은 그의 부활을 목격하고 새로운 힘을 얻어 예수에게 이렇게 물었다.

"주여, 지금이야말로 이스라엘을 위해서 나라를 재건해 주시겠습니까?" 즉, '지금이야말로 로마를 멸하고 이스라엘 국가의 독립을 선언해줄 것인가요?' 라고 하는 의미이다.

제자들은 예수가 의미하고 있던 하나님의 나라가 권력을 타도하고 다음 권력을 수립하는 것이 아니고 한 사람 한 사람의 마음속에 나타나야 할 변화라는 것을 꿈에도 생각하지 않았던 것이다.

**그것은
마지막 날에
나타날 일**

먼저 다니엘의 예언을 한 번 더 돌이켜 보자. 느부갓네살이 꾼 꿈은 마지막 날에 일어날 것이라고 씌어져 있다. 마지막 날이 실현되기 위한 대전제는 '이스라엘이라는 국가가 존재 할 때' 라는 것은 이미 말했다.

그리고 이것이 마지막 날에 일어날 것이라고 분명히 말하고 있다. 마지막 날에 로마제국을 메시아가 치면 하나님 나라가 도래한다는 것이다. 그것은 이스라엘이라는 나라가 존재하고 있는 대전제에서 일어나야 하는 일대 이벤트이다.

그러면 어떻게 될 것인가? 이스라엘이라는 나라가 70년 로마제국에 의해 멸망당하고 말았다. 나라가 없어져 버린 것이다. 로마시대에 일어났어야 할 '마지막 날'에 관한 사건은 이스라엘이 멸망해 버린 이상 일어나지 않게 된 것이다.

다니엘이 그렇게 정확하게 예언한 사건은 네 번째 나라인 로마제국시대까지는 좋았다. 그러나 그후 영원한 나라는 아직 오지 않았고 70년에 이스라엘이 멸망했기 때문에 실현되지 못하고 말았다. 이것은 도대체 어떤 의미일까?

중단된 종말의 시계

예언이 만일 하나님한테서 온 것이라면 99.9%의 실현율이라도 하나님의 말씀이라고 말할 수 없다. 네 번째 나라의 때에 일어나야 할 일이 일어나지 않으면 예언은 역시 하나님의 말씀이 아니라는 것이 된다.

그러나 많은 성서학자는 성서의 예언은 반드시 실현된다고 믿어 왔다. 그리고 네 번째 나라의 사건도 반드시 일어난다고 생각하고 있다. 그런데 이스라엘은 예언의 성취를 보기 전에 멸망하고 말았다.

이것은 성서의 예언이 실현되지 않았다는 것을 의미하는 것이 아니라, 종말의 시계가 중단되어 있는 것에 불과하다고 생각한 것이다. 즉, 이스라엘이 부흥하는 것과 동시에 종말의 때에 로마제국도 부흥한다고 믿었던 것이다.

예언이 실현된다면 로마제국이 또 다시 역사 가운데 나타난다고 생각하는 것 밖에는 선택의 여지가 없었기 때문이다. 그러므로 나도 한 사람의 성서학자로서 종말의 시대에 로마제국의 부활이 있을 것이라고 믿어온 사람이다.

그것은 강대한 군사력과 경제력을 자랑함으로써 세계역사 무대에 저 로마제국이 과거에 영화를 누렸던 그 장소에 등장하는 부활한 로마제국이라고.

유럽통합이 의미하는 것

그리고 우리들은 현재의 세계정세 속에서 사실 로마제국의 부활을 바라는 세력이 집결하여 주권국가의 범위를 넘어서고 있다는 놀라운 실현을 보고 있는 것이다. 이것이 바로 EU, 즉 유럽연합이다.

로마제국시대, '세계의 길이 로마로 통한다.'고 일컬어지고, 팍스로마나(로마의 평화)를 외치고, 로마제국의 강대한 군사력과 통제력으로 지중해 세계는 전쟁이 없는 시대를 구가했다. 현재에도 유럽인들의 마음의 뿌리는 이 영광의 로마제국이다. 유럽이 세계의 맹주로써 군림하는 시대이다. 그리고 오늘날에도 로마는 세계 전체에 많은 영향을 계속 주고 있다.

서구 법률의 원점은 로마법이며 일본 민법의 토대도 로마법이다. 그런 영광의 로마전통을 계승하고 있는 것이 유럽이며 그 전통이야말로 그들의 자랑인 것이다. 지금 이 시대에 다시 부상하고 있는 유럽이지만, 그 근저에는 현대사회 전체에까지 다대한 영향력을 계속해서 주고 있는 고대로마제국이라는 규범이 존재하고 있는 것은 말할 것도 없다.

로제 아눈과 존 쉐드 공저의 《로마인의 세계》의 앞머리에서 일본어 감수의 아오야나기(靑柳 正規)씨는 이렇게 말하고 있다.

"ECC라고 하기도 하고 EC라고 부르기도 하는 유럽공동체의 사고방식에는 고대 로마세계가 제시했던 사회가 근저에 있는 것이 분명하다. 서로 다른 민족과 언어와 문화를 포괄하여 지역을 통합한다는 어려운 일을 시작할 용기를 현대 유럽에 부여한 것은 고대에 존재했던 로마사회의 역사적 사실이 있었기 때문이다."

EU야말로 부활한 로마제국

유럽의 역사를 돌이켜보면 그들의 정신에서 로마제국의 영광이 사라진 순간은 없었다는 사실을 알 수가 있다. 14세기 초 근대국가의 성립에서 제1차 세계대전에 이르기까지 다양한 유럽 통합론이 전개되어 왔다. 유럽이 작은 왕국으로 분열되어 서로 항쟁해왔기 때문에 평화를 열망하는 사람들이 하나의 유럽을 제창했던 것이다.

또한 강대한 이웃 여러 나라, 특히 이슬람교도 국가들의 침략에 대항해서 고대 로마제국 이후 보존해왔던 기독교국의 문화와 정체성을 지키려고 하는 생각이 끊임없이 이어져왔던 것이다. 과거 부이14세나 나폴레옹같이 민주적으로가 아니라, 군사적으로 유럽 통합을 이룩하려는 움직임도 이어져 왔다.

근대에는 유럽이 18세기말 영국에서 일어난 제1차 산업혁명 이래 21세기 초까지 세계의 정치, 경제, 군사 면에서 압도적인 힘을 과시해왔다. 그러나 두 번에 걸친 세계대전으로 유럽경제는 파멸상태가 되었고, 세계에서 유럽시대는 끝을 맞았다. 세계는 미국과 소련이라는 두 개의 초강대국의 힘의 밸런스로 유지되는 신시대를 맞이했던 것이다.

과거의 영광을 기억하는 유럽 사람들로서 이러한 굴욕은 참을 수가 없는 것이다. '강한 유럽이 부활해야 한다.'는 기운이 일어나는 것은 시대의 변천에 따른 필연이었다. 그리고 제2차 세계대전 이후 유럽통합 움직임에 가속도가 붙었다. 세계사상 그 예를 볼 수 없는 드라마로 발전한 것이다.

각각의 정치나 사회풍토가 다른 유럽 각국이 각 나라의 주권을 어느 정도 포기하고, 단일 통화에 의한 경제권의 통일과, 공통외교와, 안전보장의 획일화 통합에 의한 군사적 통일, 그리고 사법과 내무의 협력이라는 법적 통일을 실현시킨다는 것은 정말 놀라운 일인 것이다. 이것이 국가를 넘어선 국가, 즉 합중국이 아니고 그 무엇인가?

정말로 현대에 새로 태어난 로마제국이라고 말할 수 있다. 그리고 이 헌법의 기반이 다름 아닌 1957년에 체결된 로마조약인 것이다. 우리의 기억에도 새로운 마스트리히트조약(Tready of Maastricht : 1991년 12월 10일 네덜란드 마스트리히트에서 EC정상간 합의되고 1992년 2월 7일 EC외무장관 회의에서 정식으로 조인되었다.)은 로마조약을 개정한 것에 불과하다.

그리고 2002년 1월 1일 단일통화 완성

2002년 1월 1일, EU의 단일통화 유로화가 드디어 전면적으로 유통하게 되었다. 이미 1999년에 발행한 유로이지만, 사람들의 지갑에는 아직 자국의 통화가 들어 있었다. 물건을 살 때는 자국의 화폐를 사용했던 것이다. 2002년 1월 1일부터 단일통화 유로가 드디어 말단까지 이르게 되었다. 그것은 통화통합이 완성한 날이다.

이미 독일 마르크도, 프랑스 프랑도, 이탈리아 리라도 역사에서 모습이 사라졌다. 살아 있는 것은, 다만 하나의 통화 유로화뿐이다. 문자 그대로 단일통화와 단일시장의 탄생이다.

주권국가의 핵이라면 그것은 통화이다. 그 나라가 강하냐 약하냐를 결정하는 것은 통화라고 해도 좋다. 일본의 엔이라는 통화가 존재하지 않았다면 세계는 일본을 주권국가로서 인정하지 않았을 것이다. 그런 나라는 거의 존재의 의미를 갖지 않는다 해도 과언이 아니다.

그런데 EU에 가맹한 각국이 주권국의 핵심 요소인 통화를 포기한다는 것은 전대미문(前代未聞)의 사건이라고 할 수 있다. 하지만, 유럽통합은 전후 50년만에 통화를 통일하여 유로의 발행이라는 미답의 정상에 도달한 것이다. 유로권에 참가한 각국은 자국통화의 주권을 유럽중앙은행에 양도한 것이다.

이것은 성서의 예언적 관섬에서 말해노 주복할 만한 사건이다. 고대로마 제국시대에 그 영역 내에서 공통통화가 사용된 것을 마지막으로 민족이나 국가가 자주적으로 통화주권을 포기한 예는 역사상 없다. 그러므로 통화통합이라는 것은 정말로 로마제국의 부활이라고 말할 수 있는 것이다.

'종말의 날'의 준비는 끝났다

제2차 세계대전 이후, 마지막 날에 관한 성서의 예언은 활시위와도 같이 빠르게 실현되고 있다. 정말로 우리가 살고 있는 시대에 그런 일이 일어나고 있는 것이다. 종말의 날이 실현되기 위한 대전제인 이스라엘의 부활과 로마제국의 부활, 양쪽 모두 현대에 확실히 실현되고 있는 것이다.

만일 이스라엘이 부활하지 않는다면 성서가 경고하고 있는 종말은 절대 오지 않고, 만일 고대 로마제국이 그 장소에서 부활하지 않는다면 결코 종말은 오지 않게 된다. 그러나 이 두 개가 동시에 우리 눈앞에 존재하고 있다. 이러한 것이 복잡한 세계정세 속에서 동시에 진행될 확률이 어느 정도일까? 이런 관점에서 볼 때 세계는 종말로 한 없이 가까이 다가서고 있다는 것을 그 누구도 부인할 수 없지 않을까?

유럽은 큰 힘을 가진 세력으로 부상한다

나는 종말의 때에는 유럽이 큰 힘을 가진 세력으로 부상한다고 확신하고 기회가 있을 때마다 이야기해왔다. 그것은 성서의 예언을 연구할 때 얻을 수 있는 종말의 정세에 관한 하나의 결론이다.

성서는 유럽이 세계의 주도적 위치에서 부활할 것을 2600년 전에 분명히 밝혔기 때문이다. 다니엘서를 한 번 더 확인하고 싶다. 다니엘서는 분명히 부활한 유럽이 무엇을 할 것인지도 구체적으로 밝히고 있다. 다니엘서 7장 19절부터 22절까지 읽어보자.

> "이에 내가 넷째 짐승의 진상을 알고자 하였으니 곧 그것은 모든 짐승과 달라서 심히 무섭고 그 이는 철이요 그 발톱은 놋이며 먹고 부쉬뜨리고 나머지는 발로 밟았으며 또 그것의 머리에는 열 뿔이 있고 그 외에 또 다른 뿔이 나오매 세 뿔이 그 앞에 빠졌으며 그 뿔에는 눈도 있고 큰 말하는 입도 있고 그 모양이 동류보다 강하여 보인 것이라. 내가 본즉 이 뿔이 성도들로 더불어 싸워 이기었더니 옛적부터 항상 계신 자가 와서 지극히 높으신 자의 성도를 위하여 신원(伸冤)하셨고 때가 이르매 성도가 나라를 얻었더라."

다니엘이 네 번째 짐승을 보았을 때 그는 두려운 나머지 짐승을 확인해 보고 싶다고 생각했다. 왜냐하면 그것은 그 때까지의 모든 짐승보다 더 무서운 맹수로서 다른 모든 것을 물어뜯는 힘을 가지고 있었기 때문이다. 분명히 고대 로마제국은 절대적인 힘을 자랑했다.

그러나 이 예언은 고대로마제국인 동시에 부활한 로마제국인 것이다. 그러므로 부활한 로마제국 EU도 매우 큰 힘을 전 세계에 자랑하게 될 것이 분명하다.

열개의 뿔이 뜻하는 것은?

그리고 짐승은 열개의 뿔을 가지고 있다고 한다. 거기에서 또 다른 하나의 뿔이 나와서 열 개 속에서 세 개가 빠진다고 기록되어 있다. 그리고 그 뿔은 성도들에게 전쟁을 일으켜 승리를 얻는다고 한다. 여기서 말하는 뿔은 도대체 무엇을 의미하는 것일까? 다니엘서를 그대로 계속 읽어보면 대답이 씌어져 있다.

> "열 뿔은 그 나라에서 일어날 열 왕이요, 그 후에 또 하나가 일어나리니 그는 먼저 있던 자들과 다르고 또 세 왕을 복종시킬 것이며"(다니엘서 7:24)

열 개의 뿔이라는 것은 그 나라에서 일어나는 열 명의 왕이라고 한다. 나라의 지도자, 혹은 문자 그대로 왕일까? 그리고 후에 나오는 또 다른 뿔은 더욱 강력한 인물로서 앞서의 왕들 가운데서 세 명을 복종시킨다는 것이다. 이 예언으로 부활한 로마제국의 모습이 확연히 들어난다.

이 제국에는 적어도 열 명의 왕이 세워진다고 했으니, 적어도 열 개의 나라 이상의 집합체라는 것이다. 어떤 나라가 다른 나라를 침략하고 전쟁에서 영토를 획득해가면서 국경을 확장해 나가지 않을까 하는 것이다. 이것은 많은 성서학자가 예상해 오는 미래예상도인 것이다. 부활한 로마제국은 복수의 국가집합체임에도 불구하고 하나의 거대한 세력권을 형성한다. 말하자면 합중국의 형태가 되는 것이다.

그리고 그것은 EU에서 정말로 실현되고 있는 것이다. EU는 주권국가의 모임이면서 주권의 일부를 중앙에 기탁한 집합체로서 하나의 세력을 형성하고 있다. 또 하나 분명히 알 수 있는 것은 이 나라에는 열 명 중에 세 명을 복종시키는 다른 왕, 즉 강력한 리더가 존재하게 된다는 것이다. 그리고 그는 '성도'라고 불리는 사람들에게 전쟁을 일으킨다고 한다.

성도란 '하나님의 백성'을 의미하는 키워드로서 그것은 아브라함의 자손이며 이스라엘의 하나님을 예배하는 민족이다. 또 신약성서의 관점에서 보면 예수를 믿는 자도 거기에 포함된다.

이 짧은 문장 속에서 읽을 수 있는 것은 이 인물이 유태인, 혹은 기독교도에 대적하여 전쟁을 일으키는 인물이 될 것이라는 말이다. 이것은 예사스러운 일이 아니다. 성서는 이 인물에 관해서 많은 경고를 발하고 있다.

이 인물에 관해서는 다음에 말하겠지만, 여기에서는 부활한 로마제국의 모습과 거기에 존재하게 될 힘, 그리고 유럽을 지배 아래 두는 하나의 왕이 서게 된다는 총괄적 시나리오를 알 수 있다는 것이다.

현재 EU 내에는 누가 EU를 지배할 것이냐 하는 문제가 있다. 프랑스일까 아니면 독일일까……. 일본에서는 왕이라는 말이 현실감을 갖지 못한다. 그러나 유럽에서는 지금도 왕가의 혈통이 존경받는다. EU는 분명히 그 내부에 권력투쟁을 포함한 거대세력이 정치, 경제 블럭으로써 우리 앞에 존재하고 있다.

성서에 따르면 부활한 유럽은 종말의 시대에 매우 중요한 역할을 하게 된다. 그리고 21세기는 이미 미소(美蘇)의 냉전시대도 아니고, 미국 혼자 승리하는 시대도 아니다. 분명히 유럽은 무시할 수 없는 큰 세력이 되는 것은 사실이다. 미국 동시다발 테러사건은 이 움직임과 매우 관련이 있다.

세계경제의 중심인 뉴욕이 함락되는 것은 미국경제의 실패를 의미한다. 테러라는 보이지 않는 적은 미국 내의 또 다른 불안을 증대시켜 소비를 냉각시키고 주가를 폭락시킨다. 미국의 추락은 유럽의 부상(浮上)에 좋은 선물이 된다. 그리고 이것이 단일통화 유로 등장의 직전에 일어난 것이다.

성서는 실로 놀라운 책이다. 오늘의 세계정세를 아주 먼 옛날부터 예언하고 있기 때문이다. 우리는 정말로 놀라운 시대의 증인이라고 일컬어지지 않을까?

제3장

Bible Reality

글로벌리제이션

Bible Reality 1

하나되는 세계

세계는 글로벌화를 향해서 돌진하고 있다. 세계는, 경제라는 면에서 복잡하게 연결되어 있고, 시장주의경제는, '돈'이라는 요소로 세계통일을 향해가고 있다. 또한 인터넷 보급은 정보의 흐름이나 경제활동에 거대한 영향을 주어 글로벌화를 촉진시키고 있다.

다국적기업의 대두와 시장경계의 술수로 20C까지의 권위가 기초부터 흔들리고 있는 시대이다. 국가라는 틀이 사라지고 세계는 통일을 향해서 매진하고 있다.

이것을 국제화와 혼동해서는 안 된다. 국제화는 국가 간의 관계가 긴밀하게 되는 것을 말하지만, 글로벌리제이션(globalization)은 국가를 초월한 움직임이고 국가기능을 약화시키는 움직임이기 때문이다.

최근 신문에서 거의 매일 보게 되는 '글로벌리제이션'이라는 단어를 사람들이 과연 얼마나 이해하고 있는지는 분명하지 않지만, 이미 세계의 글로벌화를 막을 수 있는 것은 아무것도 없다. 그러므로 글로벌리제이션을 바로 이해하는 것이 현대사회를 이해하는 키 포인트가 된다.

그러면 세계를 글로벌화하는 것이 과연 매스컴이나 경제 분석가들이 선전하는 것만큼 세계의 영구적인 번영에 공헌할 수 있을까? 이러한 의문을 던지면 글로벌리제이션 추진파들은 감정적으로 반 글로벌니즘이라고 소리를 높인다. 그러한 모습은 약간 종교적이라고도 말할 수 있다.

그들은 세계가 통일되는 것이야말로 세계평화에 꼭 필요한 요소라고 믿고 있다. 하지만, 정말로 그럴까…….

**세계는 한 가족,
인류는
모두 형제**

세계는 한 가족, 인류는 모두 형제……. 이것은 정말로 훌륭한 표어인 듯하다. 세계가 하나가 되면 얼마나 좋을까? 해외여행을 갈 때에도 여권 같은 것을 받지 않아도 되고 외국돈을 바꿀 필요도 없다.

만일 그런 일이 실현된다면 그것은 정말로 훌륭한 세계가 될 것이다. 글로벌리제이션이라는 것은 바로 그런 세계를 지향하는 움직임이다. 그렇기 때문에 글로벌리제이션과 대치되는 위치에 있는 것이 국수주의이다.

이미 세계외교무대에서는 국익을 중심으로 하는 것은 허락되지 않는 분위기가 존재하고 있다. 자국의 이익을 우선하는 것보다 먼저 글로벌 스탠더드(global standard), 즉 세계 표준에 눈을 돌려야 한다는 의견이 대세를 점하고 있다. 세계 공동의 이익을 생각하는 것이 윤리적으로 좋다는 생각이 글로벌리제이션의 기본이다.

여론이 고이즈미 내각을 지지하고 있는 배경에는 국민의식의 변화에 있다. 대부분의 일본인은 국제적인 기준을 충족시키는 것이 좋다고 생각하고 있는 것이다. 즉, 글로벌 스탠더드를 무시하고 일본의 발전은 있을 수 없다는 글로벌리제이션 이론에 언제부터인지 일본이 동조하고 있는 것이다.

세계 평준화가 문제해결의 열쇠일까?

세계가 하나로 되는 것은 분명히 좋은 일이다. 그러나 그 주장이 조금만 달라지면 전체주의로 갈 수도 있는 것이다. 세계 평준화야말로 산적해 있는 세계의 여러 문제의 유일한 방법, 해결이라고 말하는 것 같다. 빈부의 격차를 줄이거나, 환경 등은 지구 규모로 생각하지 않으면 해결되지 않는 과제라고 글로벌리제이션 추진파는 말한다.

정말 그렇다. 세계에 격차가 존재하는 한, 하나의 평화적 사회가 존재할 수 없다. 그렇다면 어떻게 세계의 격차를 메울 수 있을까하는 방법론이 중요한 문제가 된다. 만일 그것이 잘못되면 세계 평준화의 길은 없다. 어떤 나라가 지나치게 풍요롭거나, 지나치게 가난한 것은 좋지 않기 때문이다.

영어에 약한 일본인은 글로벌이라고 하는 말을 어떻게 이해하고 있는지 알 수 없지만, 글로벌은 '전체'를 나타내는 단어이며 글로벌리즘은 본래 '세계적 간섭주의'라는 뜻으로 '전체주의'를 말한다.

세계적 시야에서 생각할 때 하나의 정책이나 방향이 세계주의적 관점과 이익에 반한다면 거기에 간섭해야 하고 참견함으로써 강제적으로 세계기준에 적합하게 만들어야 한다는 생각이다.

텔레비전에서 아프가니스탄 정세에 대해 패널토론자들이 의견을 나누는 장면을 보니 어떤 사람이 미국 정책에 관해서 이렇게 말했다. "그런 일을 한다면 아프가니스탄에 대한 내정간섭이 아닌가요?"

그러니까 국제정치학자가 소리를 높여 이렇게 말했다.

"그런 일은 당연해요. 대개 난민을 만들어 내는 나라는 정말 나빠요. 그런 나라를 주권국가로 인정할 필요가 없어요."

이것이 글로벌리제이션 추진파의 전형적인 발상이라고 말할 수 있다.

누가 기준을 정하는가?

글로벌리제이션을 생각할 때 항상 신중하게 논의해야 할 것이 있다. 그것은 글로벌 스탠더드를 결정하는 것이 누구냐 하는 것이다. 세계 기준은 도대체 누가 정하는가?

앞에 기술한 국제정치학자의 태도도 이해 안 되는 것은 아니다. 분명히 난민을 만들어낸 국가가 일류국가라고 생각되지는 않는다. 그러나 일류, 이류를 결정하는 기준은 무엇일까?

이슬람 여러 나라는 미국을 제국주의라고 부른다. 그들에게 미국은 악의 기준이다. 하지만, 미국의 동맹국인 일본은 그렇게 보지 않는다. 이데올로기나 가치관이 다양하여 결코 일원론적으로 생각할 수 없다.

우리가 말하는 글로벌사회라는 것은 선진국의 윤리에 바탕을 두고 있다. 이것만은 확실하다. 이슬람주의가 세계의 글로벌 기준이 되는 것이 곤란하다는 생각이 일본인 대부분의 사고방식일 것이다. 하지만, 이슬람사회에서도 그렇게 생각하고 있을까? 그렇지 않을 것이다. 그러면 어떤 이데올로기가 우선시 되어야 할까?

분명히 난민을 만들어 내는 나라의 형편을 받아들일 수 없다. 그러나 그렇다고 해서 내정간섭을 해도 당연하다는 난폭한 이론에 끌려가도 좋다고는 생각하지 않는다. 그것은 이슬람의 기준에서는 억지가 아닐까?

**누가
하나의 세계를
지배하는가?**

만일 세상이 하나가 된다면 거기에는 분명히 큰 문제가 발생할 것이다. 그것은 누가 하나로 된 사회를 지배하느냐 하는 문제가 될 것이다. 세계가 지구 규모로 하나가 되고, 말 그대로 세계정부가 수립된다면 그 세계 정부의 대통령은 누가 될 것인가?

세계 총재가 되기에 적당한 인물이 존재할 수 있을까? 그에 맞는 실력과 세계적 윤리관과 도덕관을 모두 겸비하고 세계인의 요구를 충족시켜줄 인물이 존재할 수 있을까?

이렇게 이야기하면 독자 가운데는 무슨 쓸데없는 말을 하고 있느냐고 반감을 갖는 사람이 있을지도 모른다. 그러나 글로벌화라는 것은 난폭한 말로 표현한다면 세계를 하나의 기준으로 통일하겠다는 시도인 것이다. 그리고 하나로 된 세계가 성립한다면 그것을 다스릴 지도자도 필요한 것이다.

Bible Reality 2
계시록이 밝혀주는 글로벌세계

**너무나
놀라운
과거의 경고**

너무나 놀랍게도 성서는 종말의 날이 가까우면 세계가 글로벌화를 향하게 된다는 사실을 2000년이나 앞서서 예언하고 있다. 그리고 글로벌화 된 세계를 지배하는 한 사람이 등장한다고 예언하고 있다.

그는 세계에 군림하는 강력한 카리스마이며 모든 국민이 그를 세계의 리더로서 칭찬한다는 것이다. 문자 그대로 세계정부의 총재로서 글로벌사회의 정점에 서는 인물이다. 세계는 그를 그리스도의 재림이 아닌가라고 생각할 정도라고 한다. 그러나 성서는 그 그림자의 뒤에 숨어 있는 무서운 현실을 고발하고 있다.

나는 히스테릭한 글로벌주의자도, 친 글로벌주의자도 아니다.

세계에서 일고 있는 반 글로벌운동에 참가한 적도 없고, 세계경제 포럼 장소를 봉쇄하려는 데모대에 참가한 적도 없다. 데모대에 참가한 많은 사람들이 휴대전화로 연락하는 것을 보면 그들 자신도 이미 글로벌화의 덕을 많이 입고 있는 것이다. 이미 글로벌화 사회를 살고 있는 것이다. 하지만, 한 사람의 성서학자로서 성서의 고발과 경고에 무시할 수 없는 내용이 포함되어 있다는 사실을 전달하고 싶은 것이다.

우리의 세계를 석권하고 있는 글로벌리제이션은 '계시록'이 고발하는 다가올 전체주의사회와 닮은꼴을 하고 있는 것이다. 그러면 그 고발의 내용을 살펴보자.

요한 계시록 13장의 진실된 의미는?

내가 주목하고자 하는 것은 지금부터 1906년 전에 씌어진 '요한계시록'이다. 신약성서의 가장 마지막에 수록되어 있다. 이것은 95년경 예수 그리스도의 제자였던 사도 요한이 썼다. 로마 황제 도미티아누스 통치 아래서 격화되고 있던 기독교박해 때문에 요한은 유형을 받고 밧모섬이라는 곳에 갇혀 있었다.

그곳에서 그는 먼 훗날 일어날 일을 환상으로 보았다. 그것을 정리한 것이 요한계시록이다. 이 책은 특수한 문장으로 기록되어 그 내용 때문에 많은 오해와 혼란을 가져왔다. 그 가운데서도 13장은 특별히 유명하다. 세상에서 말하는 종말론자들이 좋아해서 응용하는 구절들인데 그 해석도 여러 가지이다.

그러나 성서에는 해석학의 기본이 있다. 누가, 언제, 누구에게 왜 기록했는지에 대하여 객관적으로 알 수 있는 요소를 바르게 관찰하고, 앞뒤 문맥이나 사용된 어법과 용어를 바르게 이해하고, 또한 문화적 배경도 고려하지 않으면 안 된다. 문맥을 무시하고 성서를 인용한다면 같은 성서라도 전혀 다른 이해에 도달하게 된다.

이를테면, 성서를 이용해서 "성서에는 하나님이 없다고 씌어져 있다."라고 말할 수도 있다. 그러나 실제로는 – 어리석은 자는 마음에 '하나님이 없다' 고 말한다. – 고 기록되어 있는 것이다.

성서를 해석하는데 가장 중요한 기본원칙은 성서는 성서로 해석해야 한다는 것이다. 즉, 성서에 기록되어 있는데, 만일 그것이 교리나 해석의 근간과 관련된 중요한 것이라면 그것은 다른 구절에도 해설되어 있을 것이기 때문에 그것을 종합적으로 판단하여 하나의 해석에 도달해야 한다는 것이다.

계시록도 마찬가지이다. 거기에 나타나는 용어가 다른 곳에서도 사용되고 있다면 그 구절들을 함께 읽을 때 그 용어의 의미를 바르게 이해할 수 있는 것이다. 그런 원칙에 따라서 계시록의 키워드를 해석해 보자.

바다에서 나오는 짐승의 정체

"내가 보니 바다에서 한 짐승이 나오는데 뿔이 열이요 머리가 일곱이라. 그 뿔에는 열 면류관이 있고 그 머리들에는 참람된 이름들이 있더라."(요한계시록 13:1)

계시록 13장은 이렇게 시작하고 있다. 처음부터 여기까지 읽어온 독자라면 금방 느낌이 왔을 것이다. 바다에서 나오는 짐승을 말하고 있는 구절은 다른 데도 있다. 그렇다, 그것은 다니엘서이다. 앞 장을 다시 한번 읽어보자.

다니엘서도 짐승에 대해서 언급하고 있다. 그 구절과 여기에 등장하는 짐승의 모습이 비슷하다는 것을 알 수 있을 것이다. 따라서 앞서 제시했던 '해석의 원칙'을 따른다면 양쪽의 내용을 비교해봐야 정확한 뜻을 파악할 수 있을 것이다.

상징적인 열과 일곱

다니엘이 본 짐승은 '넷째 짐승'이고, 그것은 무섭고 매우 강하며 열 개의 뿔을 갖고 있었다. 그리고 또 하나의 작은 뿔 하나가 나와서 "먼저 뿔 중에 셋이 그 앞의 뿌리까지 뽑았다."고 기록되어 있었다. (다니엘서 7:7-8).

계시록에서 요한이 본 짐승도 열 개의 뿔과 일곱 개의 머리를 가지고 있었다. 여기에서 열과 일곱이라고 하는 공통점이 있다. 이렇게도 씌어져 있다.

"내가 보니 여자가 붉은 빛 짐승을 탔는데 그 짐승의 몸에 참람된 이름들이 가득하고 일곱 머리와 열 개의 뿔이 있으며……." (계시록 17: 3).

여기에도 열 개의 뿔과 일곱 개의 머리가 있다. 다니엘도, 계시록도 여러 번 열과 일곱의 공통성을 강조하면서 반복되고 있다.

**열 개의
뿔과
일곱 머리**

그러면 과연 열 개의 뿔과 일곱 머리는 무엇을 의미하는 것일까? 계시록 17장은 이 열 개의 뿔과 일곱 개의 머리가 무엇을 의미하는지 설명해주고 있다.

"지혜 있는 뜻이 여기 있으니 그 일곱 머리는 여자가 앉은 일곱 산이요."(계시록 17:9)

"내가 보던 열 개의 뿔은 열 명의 왕이니 아직 나라를 얻지 못하였으나 다만 짐승으로 더불어 임금처럼 권세를 일시동안 받으리라."(계시록 17: 12)

이 구절들을 볼 때 열 개의 뿔도 일곱 개의 머리도 왕을 나타내고 있는 것이다. 그렇다. 이것은 매우 명확하다. 이것으로 난해한 계시록의 의미를 명쾌하게 알 수 있게 되었다. 여러분은 이미 다니엘서 7장의 뿔이 '왕'으로 해석되었다는 것을 기억하고 있을 것이다. 그렇다. 다니엘이 본 짐승도, 요한이 계시록에 기록한 짐승도, 양쪽 모두 열 명의 왕에 관한 같은 짐승을 말하고 있는 것이다.

다시 말해서, 요한이 본 바다에서 나온 짐승은 다니엘이 본 넷째 짐승과 똑같은 열 개의 뿔과 일곱 개의 머리를 가지고 있었다. 그리고 열 개의 뿔과 일곱 개의 머리를 가진 짐승은 왕을 의미한다는 것을 우리는 이미 알고 있다. 즉, 처음에는 열 사람이 있지만, 나중에는 일곱 사람이 왕이 된다는 사실을.

다니엘서가 예언한 넷째 짐승이란 종말 때에 부활한 로마제국을 말하는 것이다. 즉, 유럽이다. 그렇다면 계시록 13장이 말하고 있는 짐승도 유럽과 관련된 것이 아닐까? 이렇게 보면 이 기술은 현대를 사는 우리들과 밀접한 관련이 있는 내용이라는 것을 금방 알 수 있다.

이제 계시록 13장은 우리 시대에 실현될 가능성이 짙다. 유럽의 중대한 움직임에 대한 옛날부터의 경고라면 어떨까? 그리고 지금 유럽은 통합을 완성하고 다시 부상하고 있는 것이다.

Bible Reality 3

유럽에서 등장하는 독재자

가까운 장래에 유럽에서 역사상 보기 드문 초 카리스마 리더가 정치무대에 등장한다. 그의 등장은 세계정세를 완전히 바꾼다. 그의 힘으로 세상은 평화를 되찾는다. 그러나 마침내 세계는 그에게 속았다는 사실을 알게 된다. 그는 히틀러와 같은 독재자이기 때문이다.

이것이 성서가 밝혀주는 가까운 미래의 중요한 사건이다. 짐승에 관한 예언을 상세히 보면 이 짐승은 분명히 유럽이고, 동시에 유럽을 지배할 사람에 대한 것이라는 사실을 분명히 알 수 있다. 상세히 검증해 보자.

**숫자는
인간을
가리키고 있다**

넷째 짐승은 땅에서 일어나는 넷째 나라. 이것은 다른 모든 나라와는 달리 전토를 말아먹고 그것을 짓밟고 씹어 없앤다.

"그 열 뿔은 이 나라에서 일어난 열 왕이며 그 후에 또 하나가 일어나니 그는 먼저 있던 자들과 다르고, 또 새 왕을 복종시킬 것이며, 그가 장차 말로 지극히 높으신 자를 대적하며, 또 지극히 높으신 자의 성도를 괴롭게 할 것이며, 그가 또 때와 법을 변개코자 할 것이며 성도는 그의 손에 붙인 바 되어 한 때와 두 때와 반 때를 지내리라."(다니엘 7:24-25)

앞에서도 말했듯이 짐승인 넷째 나라는 로마제국을 가리킨다. 이 나라에는 열 명의 왕이 산다. 그러나 그는 지극히 높으신 분을 반역하는 말을 내뱉는다. 갑자기 '그'라는 인칭 대명사가 사용되고 있다. 복종시키는 또 '한 사람의 왕'이다. 인간이라는 것이다. 그리고 계시록이 그가 갖게 될 대단한 권력에 대하여 알려준다.

"내가 보던 열 뿔은 열 왕이니 아직 나라를 얻지 못하였으나 다만 짐승으로 더불어 임금처럼 권세를 일시 동안 받으리라. 저희가 한 뜻을 가지고 자기의 능력과 권세를 짐승에게 주더라."(계시록 17:12-13)

열 명의 왕들은 스스로의 능력과 권위를 짐승(그)에게 준다고 한다. 즉, 짐승이란 유럽합중국의 권력을 손아귀에 넣은 강력한 정치가, 혹은 지배자인 것이다. 계속해서 이 짐승의 정체를 더욱 명확하게 말하고 있는 구절을 보자. 그것은 계시록 13장 18절이다.

"기회가 여기 있으니 총명 있는 자는 그 짐승의 수를 세어 보라. 그 수는 사람의 수니 육백 육십육이니라."

여기에서 이 짐승이 인간이라는 사실이 확실하게 폭로되고 있다. 그는 666이라고 하는 수수께끼의 숫자를 가지고 있는 인물이라는 것이다. 이 숫자에 대해서는 다음에 살펴보겠다.

어쨌든, 이 짐승은 유럽에서 지배적인 위치에 있는 인물이라는 것을 알 수 있다. 앞으로 EU에서 발언권을 증가시키는 국가는 어느 나라일까? EU를 지배하는 것이 이 짐승에 해당하는 인물일지도 모른다.

세계적인 초 카리스마

이 짐승이 어떠한 인물이 될 것인지에 관해서 성서는 매우 명확히 경고하고 있다. 그는 EU 내의 권력을 손에 장악하는 인물만이 아니다. 전 세계에서 숭배되는 카리스마적 리더가 되어 세상에 군림하게 된다고 예언되어 있다. 계시록 13장 3절에서 4절에 보면,

"그의 머리 하나가 상하여 죽게 된 것 같더니 그 죽게 되었던 상처가 나으매 온 땅이 이상히 여겨 짐승을 따르고 용이 짐승에게 권세를 주므로 용에게 경배하며 짐승에게 경배하여 가로되 '누가 이 짐승과 같으뇨. 누가 능히 이로 더불어 싸우리오.' 하더라."

여기에는 불가사의한 기적의 부활이 쓰여져 있는데, 이것은 도대체 무엇을 의미하는지 확실하지 않다. 정말로 상처가 나을지도 모르고, 죽은 것과 같이 보였다가 부활극을 연출할는지도 모른다.

그게 어떻든지 이 구절에서 확실히 알 수 있는 것은 온 세상에서 "누가 이러한 인물을 대적하여 싸울 수 있을까?" 하는 경탄과 찬성의 소리로 그를 환영한다는 것이다.

그리고 그는 또 "성도들로 하여금 싸움에 나가도록 하여 이기게 할 뿐만 아니라 여러 부족, 민족, 국어, 국민을 지배하는 권위가 부여된" 인물이라고 고발되어 있다.

성도란 신약성서에서는 그리스도를 믿는 자를 의미하는 키워드이다. 이 인물은 그리스도를 믿는 자를 박해하고 싸움을 일으킬 것이라고 예언되어 있다. 그렇기 때문에 성서 속에서 이 인물은 '적그리스도'라는 별명을 가지고 있다. 이것도 키워드이다.

세계석 불안은 짐승출현의 징조

세계가 카리스마석인 리더를 대망하는 시대가 온다. 그것은 소극적인 면에서 검증해보면 세계적인 리더십의 결여와 세계적인 불안이 증대하는 시대가 찾아온다는 것을 의미한다. 이것은 성서에 나오는 '짐승'이 출현하기 직전의 징조이다.

어떤 시대나 국가적인 위협을 받으면 사람들은 강력한 리더를 바라게 된다. 세계적으로 칭송하는 카리스마적 리더의 등장에 필요한 조건은 단지 하나인데, 그것은 '세계 규모의 불안'인 것이다. 혼란하고 불안한 정세가 길게 계속하면 할수록 사람들은 구세주를 바라게 된다. 물에 빠진 사람이 지푸라기라도 붙잡는 것과 같다.

냉전시대는 세계가 미소의 핵 균형으로 유지되었다. 그러나 동서의 벽이 무너진 직후에 세계가 체험한 것은 곳곳에서 발생하는 민족분쟁과 핵 확산에 대한 공포였다. 오늘날 세계지도 어디를 보아도 분쟁이 없는 지역은 존재하지 않는다.

냉전 직후 '신세계 질서'라는 말이 미디어를 장식했다. 그러나 냉전 후 세계는 미국 한 나라의 시대로 이동되었다.

하지만, 유럽이 부상하고 유럽에서 세계적 리더가 등장하면 세계는 전에 없던 세계적인 규모의 불안에 떨게 될 것이다. 이것이 성서적 관점에서 보는 종말을 향한 세계정세의 시나리오이다.

내가 미국 동시다발 테러사건과 같은 비참한 참사를 예언한 이유는 여기에 있다. 그리고 계속되는 세균테러, 보이지 않는 적과 싸우지 않으면 안 되는 세계……. 보이지 않는 적을 상대할 때 세계는 연대하여야 한다. 국제협조는 안정보장체제의 기본이다.

이 책의 앞머리에서 말한 바와 같이 동시다발 테러사건은 세계를 바꾼 날이다. 이 사건을 계기로 세계의 외교 전략은 급격히 변한 것이다. NATO(북대서양조약기구)는 발족 이래 처음 집단적 자위권을 행사했고, 러시아와 중국까지도 미국과 협조했고, 이란도 처음으로 미국을 지지했다. 지금은 보이지 않는 적이 바로 세계 공동의 적인 것이다. 뉴욕 타임스는 제3차대전이 시작되었다고 쓰고 있다. 세계가 일치단결하여 보이지 않는 적과 싸우는 전쟁이라는 것이다.

여기에 하나의 큰 특징이 있다. 세계적 위기라는 불안을 일소하기 위해서 세계가 협조하는 것이 선이고, 그 외에는 악이라는 공기가 일순간에 만들어진 것이다. 이것이 내가 예측하고 있던 사태이다.

테러는 언제 일어날지 모른다. 언제 자기 집 우편함에 하얀 가루가 배달될지 알 수 없다. 그런 불안 속에서 살아야 하는 사람들은 국경과 이데올로기를 넘어서 연대할 필요를 실감하고, 그것을 신속히 실행으로 옮긴다. 매스컴의 논조가 그것을 선동한 것은 두말할 필요도 없다.

세계는 '보이지 않는 적'으로부터 자신을 지키기 위하여 새로운 시스템, 새로운 질서, 새로운 리더십을 모색하기 시작했다. 이것이 적그리스도 도래의 서막(序幕)이라고 할 수 있지 않을까……. 앞으로 세계는 혼미를 거듭해갈 것이다. 세계 동시 주식폭락, 세계 대공황, 끝없는 사이버 테러, 그리고 보복테러…….

세계가 경제적으로 큰 타격을 받고, 20세기형 국가주의적 안전보장 체제가 기능할 수 없게 되고, 기존의 시스템을 신뢰할 수 없다고 하는 불안이 증대하면 하나의 세계가 부상한다. 과거 세계를 지배했던 유럽이다. 거기에서 등장하는 정치가가 세계질서를 회복하는 최고의 지도자로 환영받게 될 것이다.

히틀러로 증명된 패턴

여기에서 세계 역사, 특히 히틀러가 혜성처럼 등장한 시대를 생각해 보기 바란다. 제1차 세계대전으로 파멸적인 타격을 받은 독일은 히틀러를 열광적으로 환영했다. 우리는 히틀러라면 먼저 홀로코스트(holocaust ; 유태인대학살)를 떠올리고 악의 온상처럼 느끼고 있다. 하지만, 만일 제2차 세계대전을 일으키지 않았다면 히틀러는 틀림없이 지금도 계속해서 칭찬받는 영웅일 것이다. 실의의 밑바닥에 떨어졌던 독일에 아우토반을 정비하고 폭스바겐을 만들어 독일제국을 부흥시킨 공적은 너무나도 크다.

적그리스도는 과거의 히틀러처럼 등장할 것이다. 세계의 혼란 끝에 새로운 질서의 주도권을 잡는 것은 유럽이다. 그리고 그곳에서 혜성처럼 나타나 세계경제를 일으키고 세계의 평화를 약속하는 인물은 히틀러의 재림을 생각하게 하는 독재자이다. 이 인물이야말로 계시록이 예언하고 있는 짐승인 것이다.

히틀러는 구세주로서 열광적으로 환영받았다. 그러나 제2차 세계대전으로 돌진한 이후의 히틀러를 볼 때 그는 구세주이기는커녕 오히려 반대로 '악마'였다고 말할 수밖에 없다. 아마 가까운 장래에 이와 닮은 일이 일어날 것이다.

암약하는 글로벌 엘리트

세상에는 성서의 예언을 실현시키려는 실현집단이 존재한다. 그렇다고 그 집단이 성서를 믿고 성서대로 실현하고 싶다고 생각한다는 뜻은 아니다. 그 집단이 성서의 예언을 알든 모르든 관계없다. 그들이 실제로 정책을 결정하고 실행하지 않는 한 아무것도 일어나지 않을 것이기 때문이다. 당연한 이야기이다.

그러므로 세계정치의 무대에는 그것이 결과적이든, 우연이든, 의도적이든 관계없이 성서가 말하는 정세와 닮은 정책을 지지하고, 그것을 착착 실행하고 있는 집단이 존재하게 된다. 그들은 글로벌리제이션의 파도로 세계를 몰아가고 있는 사람들, 즉 글로벌 엘리트들이다.

나는 음모론자가 아니다. 또한 이 책은 앞에서 말한 것처럼 음모책 같은 게 아니다. 그러므로 이 책은 음모의 진상을 폭로하거나 누가 세계적인 범죄의 주모자이냐를 밝히려고 시도하지 않는다. 원래 음모가 존재한다면 나와 같은 순진한 사람에게 폭로될 정도로 바보같이 하지는 않을 것이기 때문이다.

음모의 논리가 존재하는가?

서점에는 많은 음모책이 돌아다니고 있다. 형제가 다 목사인 작가가 있다. 동생이 음모 연구의 전문가라고 자부하고 있어서 내 친구가 그 작가에게 전화를 걸어 직접 정보원에 대해 물어본 적이 있다. 그랬더니 그는 이렇게 말했다고 한다.

"당신은 믿지 않을지 모르지만, 놀라울 정도로 많은 정보가 나한테 들어오고 있습니다."

그런데 이 저자가 말하는 음모설 가운데는 내가 개인적으로 알고 있는 유명한 미국인 목사에 관한 이야기도 포함되어 있다. 말도 안 되는 거짓이라는 사실을 나는 알고 있다. 거짓말한 장본인을 포함해서 관계소식통 모든 사람이 그 거짓의 출처와 그런 집단의 의도를 정확히 알고 있다. 사실을 알고 있는 나로서는 그 집단이 말하고 있는 것들을 그대로 믿고 있는 작가가 불쌍하게 보였다.

음모가 존재할 때 주모자는 자기가 주모자라는 사실을 알리면 곤란하기 때문에 틀린 정보를 흘리게 된다. 그런데 그것을 특별한 정보라고 믿고 있다면 그보다 더 불행한 일은 없을 것이다. 나는 시중에 돌아다니는 음모설을 지지하지 않는다. 그래도 나는 하나의 사실을 부정할 수 없다.

정치나 외교의 세계에는 숨겨진 부분이 있고, 보이는 부분은 아주 일부에 불과하다는 사실이다. 우리가 알 수 있는 정보와 우리에게 보이는 세계의 배후에는 보이지 않는 정보가 존재하고 있다는 사실이다. 일본정치의 본산인 나가다죠(永田町)의 밀실인사가 전형적인 실례이다.

양식 있는 일본인이라면 누구라도 일본정치가 내각총리대신(수상)에 의해 결정되는 게 아니라는 사실을 알고 있다. 정보는 조작되는 것이다. 그것은 이미 상식이다. 우리는 '은밀하게…'라는 표현을 가끔 듣는다. 이것은 보이지 않는 곳에서 결정하는 프로세스가 존재하고 있다는 사실의 초보적 증거이다.

그러므로 나는 한 가지 사실을 인정하지 않을 수 없다. 세계에는 글로벌리제이션을 추진하기를 바라는 글로벌 엘리트들이 있고, 그들 가운데 일부는 세계 지배를 꿈꾸고 있다는 것이다.

네덜란드의 저널리스트 카를 반 월프렌은 저서 속에서 다음과 같이 말하고 있다.

'글로벌 엘리트가 실제로 존재하는가? 세계를 마음대로 하는 것은 누구일까 라는 의문에 특정집단이 아닐까하는 생각이 들 때마다 우리는 음모설을 믿는다는 비판을 당할 위험에 처하게 된다. 글로벌리제이션은 컴퓨터와 같은 테크놀로지 발달의 연장선상에 있는 당연한 귀결이라고 소개된다. 글로벌리제이션을 지지하는 사람 대부분은 그것이 정치적 미션이라는 사실을 공개적으로 인정하고 있지 않다. 그래도 글로벌리제이션에는 분명히 이해득실이 있기 때문에 그것을 지적하는 것은 충분히 정당화될 수 있다…(중략). 그러나 그들에게는 경제적 이해관계를 포함해서 공통점이 많다. 그 추진파들은 매우 부유하다는 경향을 보인다. 그들 가운데 몇 명은 지나칠 정도로 큰 부자이다. 또 같은 가정환경 출신으로서 자본주의가 세계를 지배하는 게 인류에게 공헌하는 일이라는 가정교육을 받고 있다.' 《미국을 행복하게 하고 세계를 불행하게 하는 부조리한 구조》다이야몬드사)

《미국을 행복하게 하고 세계를 불행하게 하는 부조리한 구조》의 저자는 그것이 누구인지를 단정하고 있지 않지만, 유익한 시사를 주고 있다. 또 다음과 같이 겸손한 표현으로 그들의 모습을 부각시키려고 한다.

'글로벌리제이션을 추진하는 미국정부나 월 스트리트의 이해관계자, 금융·보도기관, IMF, 세계은행, 유럽제국의 재무성, 그리고 다국적 기업은 일제히 글로벌리제이션 이외에는 앞으로 세계

가 나아갈 길이 없다고 입을 모아 제창하고 있다.' (앞의 책)

정말로 그렇다. 나는 그들 초엘리트가 유럽에서 지배적인 입장을 획득하고 있는 세력이라고 믿는다. 성서는 글로벌리제이션의 출현을 2600년이나 앞서 예언하고 있다. 엘리트 집단에 의해 구성된 글로벌 사회가 놀랍게도 부활한 로마제국인 EU이고, 거기서 한 사람의 카리스마가 등장한다고 경고하고 있는 것이다.

세계는 한 치의 오차도 없이 성서가 예언한 방향으로 나아가고 있다는 사실을 나는 목격하고 있다. 내가 오사마 빈 라덴이 주모자가 아니라고 단정한 이유가 여기에 있다. 종말의 시대에 부상해야 하는 거대 세력권은 유럽이다. 글로벌 엘리트들이 유럽을 글로벌 스탠더드의 중심에 두려고 하기 때문이다.

Bible Reality 4

폭로되는 프라이버시

**통일기준에
따른
일원관리시대**

유럽에서 등장하는 카리스마적 지도자가 이룩하려는 일 가운데 현재 우리시대 이전에는 절대 성취할 수 없었던 전율할 예언이 있다. 그것은 컴퓨터를 이용하여 전 인류를 통일규격으로 일원화하여 관리하려는 시대의 경고이다.

이것은 글로벌리제이션의 최종 목표이다. 즉, 인류를 노예화하려는 것이다. 유럽에서 등장하는 카리스마적 정치가는 세계에서 열광적으로 환영받는 것만이 아니다. 그는 세계의 관리시스템을 하나의 극(極)으로 집중시켜서 넘버링에 의한 전체관리체제를 만든다는 사실이 확실히 예언되어 있다. 계시록 13장 마지막 부분을 읽어보자.

"저가 모든 자, 곧 작은 자나 큰 자나 부자나 빈궁한 자나 자유한 자나 종들로 그 오른손에나 이마에 표를 받게 하고 누구든지 이 표를 가진 자 외에는 매매를 못 하게 하니 이 표는 곧 짐승의 수라. 기회가 여기 있으니 총명있는 자는 그 짐승의 수를 세어보라. 그 수는 사람의 수니 육백 육십육이니라."(계시록 13:16-18)

그는 모든 사람에게 그 오른손이나 이마에 낙인을 받게 한다. 그 낙인은 짐승의 이름이고 짐승의 숫자라고 한다. 그 숫자를 갖지 않으면 사지도, 팔지도 못하는 시대가 온다. 그 숫자는 666이다. 즉, 666이라는 숫자를 갖고 있지 않는 한 물건을 사지도 팔지도, 즉, 매매를 할 수가 없고 편의점이나 슈퍼에 가서 물건을 살 수 없는 사회 시스템이 구축되는 시대가 찾아온다는 것이다. 이 성서의 예언을 숫자의 일원적 관리시스템 외에 달리 무엇이라고 이해해야 좋을까?

이 성서는 2600전에 씌어진 글이라는 사실을 잊지 말기를 바란다. 숫자에 의한 일원관리가 전 세계적 규모로 달성되는 것을 절대적으로 믿을 수 없었던 시대에 씌어진 것이다. 그러나 컴퓨터라는 위대한 테크놀로지의 등장으로 이 예언은 우리가 살고 있는 21C의 사회에서 처음으로 실현 가능한 것이 되었다. 우리는 기술적으로 계시록 이론이 실현될 수 있는 시대에 인류 역사상 처음으로 살고 있다고 말 할 수 있을 것이다.

666의 서장, 신용카드

신용카드의 등장은 우리의 사회생활을 극적으로 바꾸고 말았다. 나도 신용카드를 가지고 있다. 신용카드는 매우 편리하다. 해외에 나갈 때도 현금을 가지고 다닐 필요가 없다. 신용카드로 물건을 사고, 레스토랑에서 식사를 한다.

터키에 가도, 남미에 가도, 지구 어디엘 가도, 카드로 사용한 금액의 청구는 반드시 내 개인 명의의 은행으로 온다. 당연한 일이다. 하지만, 이것이 컴퓨터에 의한 일원화 관리기술로, 이미 세계 규모로 네트워크화 되고 있는 것이 현실이다.

내 개인 데이터는 호주의 레스토랑에서 식사를 한 때에도, 이스라엘에서 선물을 샀을 때에도, 혹은 미국 호텔에서 숙박한 때에도, 카드를 한번 스캔하는 것으로 단 3초면 판명되어 버리는 것이다.

만일 잔고가 없으면 카드는 사용할 수 없고, 유효기간이 끝나도 사용할 수 없다. 또한 도난신고를 해두면 이 카드는 세계 어디에서도 사용할 수 없다. 너무도 당연한 사회생활의 단면이지만, 그러나 이것이 내 개인정보가 세계의 컴퓨터와 연결되어 있다는 무서운 사실을 의미하는 것이다.

그렇다. 이것이 정말로 국경 없는(borderless) 글로벌리제이션의 현실이다. 당신의 개인 데이터는 세계의 컴퓨터에 연결되어 있는 것이다. 그리고 세계의 개인정보를 합쳐서 관리하고 있는 초대형 모(母) 컴퓨터는 EU의장국인 벨기에의 브뤼셀, EU본부에 있다. 그것은 너무나 거대하기 때문에 '짐승'이라고 부른다고도 한다.

우리는 이 정보가 악용되지 않는다고 믿고 생활하고 있다. 그러나 데이터가 바르게 관리되고 있는지 알 길이 없다. 유럽을 지배한다는 것은 이 시스템을 지배하는 것이 된다.

바코드에 의한 물류관리

"살 수도 팔 수도 없다."고 하면 곧 그려지는 것이 물건을 사고파는 장면일 것이다. 그것은 반드시 바코드를 이용한다. 지금은 바코드가 없는 매매는 자유시장이나 헌책방 정도이고, 거의 모든 상품에 바코드가 붙여져 있다. 일본에서도 바코드가 없으면 물류가 이동할 수 없다. 바코드가 없으면 택배도 도착하지 않는 것이다.

바코드는 1932년에 하버드대학 경제대학원에서 만들어진 것이 기원이라고 한다. 다만, 본격적인 보급은 1973년 UPC 코드라고 부르던 것으로, 원리는 IBM에 의한 것이었다. 일본은 이미 식품잡화의 바코드 소스 마킹율이 99.9%이기 때문에 정말로 바코드 없이는 살 수도 팔 수도 없는 시스템이 완성되어 있다. 그리고 이 바코드를 세계적으로 관리하고 있는 조직이 EAN(유럽유통통일 심볼)이라고 부르는 곳이다. 즉, 물류의 세계통일 코드를 결정하는 곳이 유럽인 것이다.

일본에서 새로운 상품을 제조하여 그것을 일본 국내에 판매하려고 해도 바코드가 없으면 물류 시스템에 나올 수가 없다. 그리고 바코드를 취득하기 위해서는 EAN에 신청하지 않으면 안 된다. 새로운 바코드를 받는 시스템이 유럽에 있는 것이다. 우리 국내 물류는 모두 실제로 유럽에 의해서 관리되고 있는 것이다.

놀라운 것은 1900년 전 컴퓨터나 디지털 같은 말조차 존재하지 않고 있었던 시대에 성서가 예언한 사회시스템이 지금 우리들의 시대에 완전히 구체화되고 있는 것이다. 유럽을 지배하는 것이 일본의 물류도 지배한다. 이것은 과장이 아니다. 현실인 것이다.

수년 전 내 강연회에 한 사람이 찾아왔다. 바코드 리더메이커에 소속하여 10년 동안 바코드 보급을 위한 계몽활동을 업무로 하고 있던 인물이었다. 그를 A씨라고 부르기로 하자. 그는 우연히 부인에게 이끌려서 세미나에 참가했다는 것이다. 그는 강연 후에 나에게 자기소개를 하고 이렇게 말했다.

"이시이씨, 당신이 말하는 대로입니다. 나는 그 현장에 있습니다. 유럽이야말로 세계의 기준입니다."

그는 미래에 보이는 전체 관리사회의 위험을 누구보다도 잘 느껴 얼마 안 가서 그 직장을 그만 두었다.

인간의 넘버링이 이미 진행되고 있다

평소 생활 속에서는 별로 생각하지 않을지 모르지만, 계시록이 예언하고 있는 대로 인간을 숫자로 관리하기 위한 인간 넘버링, 즉 국민총배번호제(우리나라의 주민등록제도)는 이미 세계적인 흐름이 되고 있다.

구미 선진국은 거의가 도입하고 있고, 일본에서도 모든 인간에게 출생과 동시에 열행의 번호를 주어 그 번호로 정보를 관리하는 주민기본대장법이 1999년 8월 12일 성립하였다.

야당의 큰 반대에도 불구하고 충분한 논의가 이루어지지 않은 상태에서 성립한 것이다. 국민 한 사람 한 사람에게 태어날 때부터 번호를 붙여서 행정 관리를 한다. 납세, 연금, 복지, 교육 등 각자의 프라이버시가 행정 내부에서 폭로되고 있는 것이다.

또 태어날 때부터 죽을 때까지 같은 번호이기 때문에 한번 흘러 나온 프라이버시는 영원히 회복할 수 없는 무서움이 있다. 이 제도의 최대 이점이라고 말할 수 있는 것은 정보의 네트워크이다.

컴퓨터에 의한 중앙일원관리가 가능하기 때문에 행정사무가 신속하다는 것이다. 이사할 때 전출, 전입 등의 수속이 어디에서나 카드하나로 될 수 있다. 이것은 편리하다. 분명히 그렇다. 그러나 거기에 문제가 있다.

우리는 편리함이라는 달콤한 말에 끌려서 결과적으로는 8,000자나 되는 개인데이터가 행정의 손아귀에 잡혀 평생 변경할 수 없는 사실로 기록되는 시스템에 OK사인을 하고 말았던 것이다.

숨겨 두고 싶은 출생의 비밀이나 가족관계, 병력이나 범죄력, 그런 모든 것이 단지 10행의 번호를 입력하는 것으로써 모두가 드러나게 되는 것이다. 행정은 이것을 IC카드화 하는 방향으로 검토하고 있다. 이것은 보통의 자기카드보다 수백 배의 정보를 입력할 수가 있다. 그러면 8,000자 이상의 정보를 넣을 수 있다.

일본은 아직도 호적제도가 있다. 호적을 카드화하면 선조 대대까지의 정보가 컴퓨터로 관리된다는 무서운 현실이 이미 눈앞에 다가오고 있는 것이다.

당신은 감시당하고 있다

N시스템이라는 것이 있다. 컴퓨터 테크놀로지를 이용한 국민 감시시스템이다. 이것은 모든 차량의 이동을 TV카메라와 컴퓨터로 감시, 기록, 보관하는 경찰청에 의한 국민 감시 시스템이다.

고속도로에서 볼 수 있다. 그러나 이것은 고속도로상의 속도위반을 잡기 위한 카메라라고 생각한다면 큰 오산이다. 고속도로 상에만 있는 것이 아니고, 지난 2000년에 전국 약 520개소에 설치하였다. 언제나 운전자와 조수석 동승자를 포함한 차의 전면이 촬영되고, 넘버가 판독되고, 통과일시, 시간도 기록되어 보존된다.

적외선 감시 카메라가 차량검지기와 접속되어 있어 통행하는 차량을 촬영하는 것이지만, 그 넘버를 컴퓨터가 일순간에 인식하여 경찰청의 중앙컴퓨터에 송신한다. 미리 특정한 차량 넘버가 등록되어 있으면 그 밑을 통과한 것만으로도 순간에 그 넘버가 '잡혀서' 경찰신세를 지게 된다. 이것을 'N히트'라고 부르는 것이다.

그리고 이러한 국민 감시 시스템의 구축을 위해서 우리의 세금이 투입되고 있다. 1995년도만 해도 경찰은 보정예산, 수정예산해서 약 190억 엔이라는 거액의 N시스템 도입비용을 획득했다. 다만, 이 시스템의 전용을 국회에서 보고하라는 요청에 경찰청은 결코 대답하지 않았다.

큰 불황 때문에 하루에도 33명의 어린이들이 자살로 부모를 잃어버리고 있는 어려운 시기에 국가는 우리들의 세금을 국민구제가 아니고 국민 감시 시스템 구축에 투입하고 있는 것이다. 우리들은 스스로 노예화를 위해서 땀 흘려 일하고 있는 것이다.

몸에 넣는 칩에 의한 관리사회

놀라는 것은 아직 이르다. 계시록에 놀라운 현실을 예언하고 있다. 666이라는 적그리스도 숫자는 이마나 오른손에 각인되는 것이라고 한다.

이것은 그 숫자를 인체에 끼워 넣는 것을 의미하고 있다. 그리고 이미 그 기술은 실용화되고 있다. 그것은 체내에 넣을 수 있는 가능한 마이크로칩이다.

1999년 1월 14일, 이미 CNN은 이런 것이 가상의 일이 아니라고 전에 보도했다. 다음은 "인간칩 이식은 미래의 흐름인가?"라는 타이틀로써 CNN이 보도한 내용이다.

'인간은 마이크로칩의 이식환경으로서 적당한 것인가? 이 논쟁은 이미 가설의 논리가 아니다. 한 때 가동하기 위해서 빌딩 전체를 필요로 한 컴퓨팅 파워가 지금은 당신의 왼손에 끼워 넣는 게 가능하게 되었다.

영국 레딩대학의 케빈 와릭 교수는 1998년 8월 24일 세계에서 처음으로 공개적으로 마이크로칩을 이식한 인물이 되었다. 그것은 단지 20분간의 "마이크로칩 이식수술"로 이루어졌다. 진주 크기의 유리캡슐인 마이크로칩이 교수의 손목에 이식된 것이다. 영국의 BBC 방송은 이 역사적인 이벤트를 방송했다.

박사는 자기의 피부를 잡아 늘어뜨려 그 속에 구멍을 내어 칩을 끼워 넣었다. 근육 위에서 피부 아래에 위치한 곳이다. 팔꿈치보다 조금 위에 잘 집어넣었다. 세 바늘을 꿰매고 작업을 마쳤다.

그것은 상처가 벌어지지 않기 위해서와 캡슐을 고정하기 위해서이다.

3mm×3mm 크기의 칩이 9일간 박사의 손목에 이식된 것이다. 그것은 반은 전자코일과 반은 실리콘 칩으로 만들어진 것이다. 교수는 20년 이상 전파 뇌 빌딩의 연구에 몰두했다. "인공두뇌 연구부분의 빌딩에는 많은 문이 있습니다. 문틀에서 발생하는 전파로 코일이 나라는 것을 인식해 줍니다."

보통은 스마트카드로 모든 것이 이루어진다. 그러나 이 기간은 카드가 필요 하지 않다. 그가 방에 들어가면 자동적으로 불이 켜지고 오피스에 앉으면 "헬로, 프로페서 와릭"이라고 인사한다. 그리고 몇 통의 이메일이 왔는지를 가르쳐 주는 것이다.

"나는 그때까지 전보다 더 정신적으로 힘을 느꼈고, 다만 컴퓨터와 함께 일을 하고 있다는 감각이 없이 더욱 가깝게 느꼈습니다. 우리는 따로가 아니라 한 몸이거나 친구 같은 느낌입니다."

이 실험은 박사의 에피소드처럼 들리지만, 이 기술은 실제 사회와 밀접한 관계가 있다. 의약분야에서는 크게 실용화될 가능성을 가지고 있다고 그는 말한다. 근육과 다리의 크기를 측정하여 트랜스폰더(transponder : 외부로부터의 신호에 자동적으로 반응하여 신호를 반송하는 송신기)를 붙이면 된다. 그것은 이미 컴퓨터 마우스나 키보드를 사용할 필요가 없다는 것이다.'

이것은 만든 이야기가 아니다. SF 영화나 만화도 아니다. IT(정보기술)의 혁신이 가져다준 현실 이야기인 것이다. 인간의 피부 속에 마이크로칩을 이식하여 밖에서 그 칩의 데이터를 인식하는 시스템은 이미 현실로 존재하고 있는 것이다.

**앞서의
A씨 이야기로
돌아가자**

나는 나중에 그를 세미나 강사로 초청했다. 그는 바코드 시스템이나 바코드에 관한 차세대 기술에 대하여 상세하게 가르쳐 주었다. 인간 넘버링이나 마이크로칩에 관해서도 현장의 소리를 이렇게 말해주었다.

"몸속에 넣는 것과 같은 소형의 트랜스폰더의 이용은 말과 소 같은 가축에서는 이미 실용화되고 있습니다. 인간의 육체에 넣는 이물질(異物質)은 체내에서 받아줄지 아닐지가 중요한데 어느 부분에서는 그것을 이물질로 인식하지 못하는 곳도 있습니다. 다만, 현재의 기술로는 읽어낼 수 있는 거리가 겨우 5cm 정도이지요."

축산업에서 가축을 식별하기 위해서 소형 마이크로칩을 끼어 넣는 일이 구미에서는 이미 일상적으로 행해지고 있다. 그러나 농축업만이 아니고 일본에서도 공단주택이 고양이에게 마이크로칩을 끼워 넣는 것을 의무로 한다는 뉴스가 최근에 보도되었다. 2001년 10월 11일 마이니치신문은 이렇게 보도하고 있다.

'도시기반 정비공단은 도쿄 에도구 시오미에 건설 중인 베드공생주택 '시오미역전 프라자 1번가'에서 사육하는 고양이에게 주인에 대한 데이터를 기록한 마이크로칩(전자표지기구)의 부착을 의무화한다. 민간의 집단주택을 포함해서 이런 시험은 처음이라고 한다(중략).

그 공단은 '다음에 이사할 곳에서 애완동물을 기를 수 없는 사람이 버리고 갈 가능성이 있다.'는 이야기를 주변 주민들이 하기 때문에 고양이에 한해서 몸에 마이크로칩을 넣는 것을 거주조건으로 했다. '버리는 고양이를 방지하는 것만이 아니고 사육자의 책임을 명확히 하려는 목적이 있다.'고 설명했다(중략).

칩은 길이 약 11mm, 직경 약 2mm의 작은 것으로 수의사가 동물의 머리 피부 속에 전용주사기를 사용해서 끼워 넣는다. 소형 집적회로(IC)가 들어 있기 때문에 전용판독기로 식별번호의 판독이 가능하다. 비용은 수천 엔으로 주인이 부담하고 데이터는 공단이 관리한다.'

몸속에 끼어 넣은 칩으로 관리하는 시대가 이미 일본인의 생활 속에도 실용화되고 있는 것이다. 일본 동물애호협회는 '공단의 의무화를 계기로 칩 부착이 많아졌으면 좋겠다.'고 환영하고 있다는 것이다.

이렇게 칩 부착이 사실화된다면 먼저 애완동물에게 실시하는 것이 당연시되는 시대가 찾아온다고 해도 놀랄 일은 아닐 것이다. 그리고 언젠가는 이 기술이 인간에게 전용될 것이다. 이러한 기술을 전혀 알 수 없었던 1900년 전에 일원적 관리사회의 도래를 계시록에서 경고하고 있다니 정말로 놀라운 책이 아닐 수 없다.

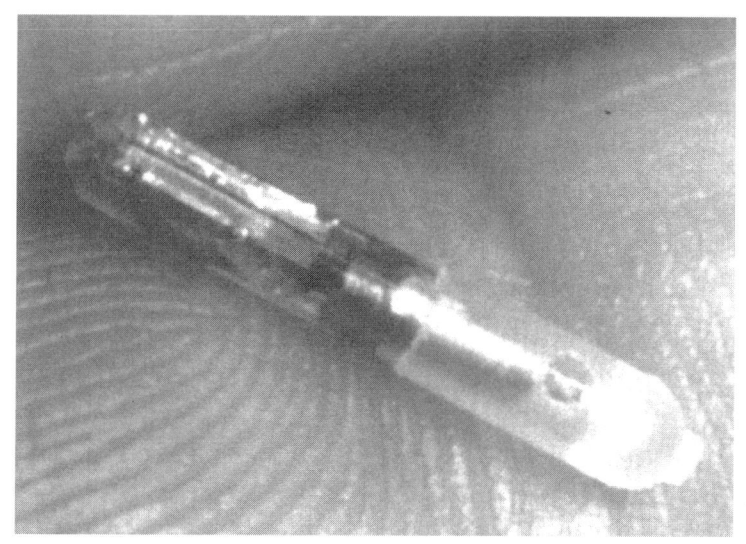

가축 사육주의 데이터를 기록한 마이크로 칩

이글
아이
프로젝트

그러나 놀라운 것은 이것만이 아니다. 테크놀로지를 이용한 프로젝트는 놀라울 정도로 진행되고 있다. 전 미국 대통령 보좌관인 마틴 앤더슨은 휴즈사에 의해 신형식별시스템이 개발되고 있다고 보고하고 있다.

 사용된 장치는 마이크로칩을 탑재한 트랜스폰더로서 이것은 주사기로 체내에 삽입할 수 있다고 한다. 매우 정밀한 기계로서 체내에 삽입되어도 안전성이 보장된다. 그것도 반영구적으로 사용할 수 있는 전파를 이용한 식별시스템이라고 한다.

 좁쌀정도 크기의 장치로 매우 간단하게 인간의 피부 속에 삽입

된다. 거기에는 10행의 복제 가능한 문자와 숫자가 내장되어서 외부에서 스캐너를 대는 트랜스폰더가 반응하고 응답하여 미리 프로그램이 되어 있는 문자와 숫자의 코드가 판독되는 시스템으로 되어 있다.

앤더슨은 이것을 디지털 방식의 타투(문신) 같은 것이라고 했다. 이 방식을 이용하면 340억 명의 개인정보 식별이 가능하다고 한다. 피부 밑에 삽입한 트랜스폰더는 위성의 궤도 위까지 FM전파를 발신할 수 있다. 이 마이크로칩은 이미 IC 카드(집적회로를 부착한 신형 신용카드)에 이용되고 있고, 피부 속 삽입형이 아닌 트랜스폰더는 팔찌나 옷 속에 끼워서 사용하고 있다.

이것은 클린턴 정권시대에 미 국방장관 윌리엄 페리가 발표한 이글아이 테크놀로지(eagle-eye technology)라는 것이다. 손목시계 속에 이 장치를 부착시켜 그곳에서 발신하는 전파를 위성에서 캐치하여 개인이 있는 장소를 찾아내는 시스템이다.

이러한 기술이 실용화되고 있다는 사실을 믿고 싶지 않지만, 이것을 증명하듯이 1994년 8월 7일 로스엔젤스 타임지는 '휴즈 아이덴티피게이션 디바이스사'가 제조한 스마트 디바이스라고 하는 트랜스폰더를 소개하고 있다.

'이 장치는 매년 세계에서 600백만 명 이상이 사용할 것을 염두에 두고 개발했다. 기술이 완성되면 의사는 전용수신기를 사용해서 필요한 데이터를 언제라도 입수할 수 있도록 되어 있다. 마이크로칩에 내장된 정보는 세계 규모로 링크하고 있는 호스트

컴퓨터에 집적된다.'

이러한 기술은 이미 우리의 일상생활에도 깊이 침투되어 있다. 최근의 신차에 표준장치로 되어 있는 카 내비게이션(car-navigation)도 그것의 하나이다. 위성을 이용한 GPS라는 시스템으로 어디에 있어도 자기 위치를 찾아낼 수 있는 것이다.

우리는 이러한 시스템이 악용되지 않기를 바란다. 신앙에 비견할 정도로 신념이 정말로 옳기를 바랄 뿐이다. 그러나 현실에서는 당신이 위성궤도 위에서 감시당하고 있는 것과 같은 것이다.

**악마는
빛의 천사로
위장한다**

계시록은 짐승에게 힘을 주는 것을 '용'이라고 고발하고 있다. 용이란 성서의 키워드이며 악마와 사탄이라고 불리는 존재를 말한다. 일본인은 '악마'와 '사탄'이 등장하는 것만으로도 '오컬트'(occult : 과학적으로 해명할 수 없는 신비적인 현상)라고 생각하여 좋아하지 않는다. 그러나 성서는 오컬트의 책이 아니다. 성서는 매우 현실적인 세계의 사상(事象)을 극명하게 밝혀주는 지혜의 책이다.

여객기를 나포하여 죄 없는 승객이나 승무원을 마음대로 끌고 가서 흉기로 이용하는 등의 자폭테러는 보통사람으로서는 아무래도 생각할 수 없다. 이러한 현실을 볼 때 우리는 분명히 거기에는 눈에 보이지 않는 '악'의 세력이 존재한다는 사실을 부인할 수 없다.

최근에 일본에서도 무방비상태의 어린이들을 학대하는 사건이 증가하고 있다. 부모가 자기자식을 학대하고 죽여 버리는 현실의 배후에는 분명히 '악'의 세력이 활동하고 있다고 본다. 그것은 오컬트가 아니라 현실을 직시할 때 인정하지 않을 수 없는 결론이다. 이러한 악의 근원적인 실체를 성서는 '악마', '사탄', '용'이라고 부르는 것이다.

세계를 전체 관리체제로 끌고 가는 '짐승'은 악마의 힘에 붙잡혀 있다고 한다. 이것은 성서가 고발한 내용이다. 그러나 성서는 '사탄은 빛의 천사로 위장한다.'고 하면서 분명하게 그 방법을 폭로하고 있다. 그것은 어떤 것일까?

만일 악마가 "나는 악마. 나에게 덤비는 자는 모두 죽인다."고 말하면서 가까이 다가온다면 그 누구라도 알 수 있겠지만, 악마는 결코 그렇게 다가오지 않는다. 글로벌화의 선전 문구는 '편리함'이라거나, '신속함'이라거나, '쾌적함'이라는 키워드이다. 인터넷은 편리하다. 도서관 전체의 도서목록을 자택에 앉아서도 열람할 수 있다.

주민기본 대장법(1998년 개정)은 어떤가? 만일 카드 한 장으로 전출, 전입 작업이 가능하다면 바쁠 때 창구에 늘어서서 자기 이름이 불려질 때까지 기다리지 않아도 된다. 신용카드는 어떤가? 카드 한 장으로 결제에서 물건을 사는 일까지 순간적으로 할 수 있는 자동 결제시스템이다. 얼마나 편리한가? 그러나 카드는 도난당하기도 쉽고, 분실할 수 있기 때문에 큰일이다. 그렇다면 모든 것을 체내에 데이터로 끼어 넣는 방법이 더욱 안전하고 편리할 것이 아닌가!? 언제나 들고 다닐 필요도 없다. 지갑도 필요 없다.

카드범죄가 증가하면 할수록 사람들은 그렇게 생각하게 될 것이다. 사람들은 그런 테크놀로지를 환영하고 이것이야말로 '천사의 선물'이라고 생각하게 될 것이다. 이것이 성서가 경고하는 것이다.

보이지 않는 적에 대한 늘어나는 불안

나는 이미 짐승이 다가오기 전에 사회불안이 늘어날 것이라고 말했다. 생물화학 병기에 의한 테러나 보복테러는 앞으로도 계속될 것이다. 아니, 비행기 떨어지는 것으로 충분하다. 그것은 테러 가능성을 포함한 사태인 것이다.

또한 나이 어린 아이의 유괴사건이나 행방불명이 된 사람의 수가 매년 증가하고 있다. 이러한 불안은 사람들의 집단잠재의식에 상대가 보이지 않는 것에 대한 불안을 심어준다. 사람들은 이것을 어떻게든 없앴으면 좋겠다고 바라게 된다.

그런 기운이 의도적이든, 우연이든 만들어지면 사람들의 몸에 마이크로칩을 이식한다는 큰 발걸음으로 진행할 수 있는 것이다. 모든 인간이 출생과 동시에 숫자로 관리되는 것만이 아니고, 그 데이터가 그 사람의 체내에 내장되어 GPS로 위성에서 위치를 찾아낼 수 있다면 이미 거기에는 유혹도, 보이지 않는 테러리스트도 존재하지 않게 된다.

트랜스폰더(transponder)를 내장하기만 하면 통신위성으로 개인의 행동을 완전히 파악할 수 있기 때문이다. 사람들은 불안의 한가운데서 무엇을 선택할까하는 무서운 실험도 이미 하고 있지 않은가!

동시다발 테러 직후 미국 국민의 70%이상이 신체의 안전을 위해서는 다소 자유를 빼앗겨도 좋다고 대답했다. 세계에서 가장 자유를 자랑하는 미국에서의 이야기이다. 그들은 안전을 위해서는 자유보다도 관리당하는 편을 선택하고 있다는 것이다.

동시다발 테러라는 미증유의 사태는 미국 국민뿐만이 아니라 적어도 선진국 주민의 위기관리 의식에 상당한 영향을 주었다. 민중은 자기방어를 위해서는 자유를 포기할 수 있다는 사실이 증명되었다.

그러므로 동시다발 테러사건이 일어난 날은 세계가 바꾸어진 날인 것이다. 이것은 또 하나의 짐승이 한 발짝 가까이 왔다고 말할 수 있지 않을까?

짐승의 숫자를 해석하는 게마트리아

"총명 있는 자는 그 짐승의 숫자를 세어 보라."고 계시록은 전한다. 짐승의 숫자는 666이다. 독자는 이것을 어떻게 받아들일까?

성서 속에 있는 숫자는 모두 의미를 가지고 있다. 이를테면, 12는 인간의 지배, 13은 사탄의 숫자, 7은 완전수로서 하나님을 나타내는 숫자이다. 한편, 6은 7에서 1이 모자라기 때문에 완전수가 될 수 없는 불완전수로 인간을 가리키는 숫자이다.

그러므로 짐승의 숫자 666은 인간을 나타내는 숫자인 것이다. 이것은 일본어로 생각하면 금방 이해가 되지 않지만, 히브리어나 그리스어로 읽으면 더 의미를 갖게 된다. 히브리어나 그리스어도 알파벳이 숫자의 역할을 하고 있기 때문이다. 주지하는 바와 같이 구약성서는 히브리어로 쓰였고, 신약성서는 그리스어로 번역되었다.

예를 들어, 헬라어의 A, B, C인 알파, 베타, 감마는 동시에 1, 2, 3이다. 히브리어의 알파벳도 똑같이 알파벳이 각각 숫자와 대응하고 있다.

씌어져 있는 문서를 이것을 응용하여 문자를 가치로 변환하기도 하고, 그 숫자의 합계를 분석하기도 한다. 수치로부터 문자를 찾아내는 방법을 게마트리아(Gematria)라고 한다. 이것이 암호기술의 고대적 응용이며, 현대의 암호기술도 여기에서 발전해왔다.

물리학의 창시자인 아이작 뉴턴(Isac Newton : 1642-1727)도 계시록을 열심히 연구했다는 사실은 잘 알려져 있다. 그는 '자연의 연구로 인간은 창조주를 알고, 창조주에 대한 인간의 의무를 알 수 있게 될 것이다.' 라고 기술하고 있는데, 자연과학의 사상(事象)을 수식으로 바꾼 물리학이라는 개념의 기본은 실로 게마트리아라는 고대부터 전해준 방법의 응용이라고 해도 과언이 아니다.

계시록의 저자 요한은 게마트리아를 숙지하고 있었다. 그리고 상징적인 666을 사용하는 것으로서 다가올 독재자의 정체를 후세에 전달하려고 한 것이다. 이를테면, 예수라는 이름을 게마트리아로 읽으면 그 수치는 888이 된다. 8은 새로운 출발을 의미하는 숫자이며 예수의 이름은 8로 나누어진다.

반대로 사탄에 관한 여러 가지 이름을 수치로 변환하면 그것은 모두 악마를 나타내는 숫자 13으로 나눠지는 수가 되는 것이다. 물론 일본어로는 정확하지 않지만, 그래도 설명해보면 적그리스도는

1911로 13으로 나누어지며, 짐승은 247이 되는데 이것도 13으로 나눌 수 있다. 또한 짐승의 각인이라고 하는 프레이즈도 2483이 되는데 이것도 13으로 나눌 수 있는 것이다. 이렇게 성서에는 게마트리아로 해석할 수 있는 숨겨진 의미가 존재하고 있는 것이다.

도대체 666이란 숫자는 무엇인가?

옛날부터 게마트리아를 응용하여 계시록에 있는 666은 누구를 가리킬까를 알아보려는 시도가 계속되었다. 애석하게도 우리는 그것이 누구인지를 단정할 수가 없었다. 하지만, 사도 요한의 제자였던 에일레나이오스가 그것은 로마제국을 가리킨다고 말했다. 로마제국의 그리스어는 Lateinos 인데 L은 30, a는 1, t는 300, e는 5, i가 10, n이 50, o는 70, s는 200으로 합계하면 666이 되기 때문이다.

또한 로마의 대 화재의 원인을 기독교인들의 책임으로 돌리고 철저하게 박해했던 네로 황제도 666 숫자를 가지고 있다. 그의 잔인함을 지금 다시 재론할 필요는 없겠지만, 그는 저항하지 않은 기독교도를 콜로세움에서 사자에게 잡혀 먹게 한다든지, 살아있는 채로 태워 죽이면서 기독교도가 타고 있는 불길로 로마의 밤을 밝힌다고 하는 잔인한 광기 그 자체였다.

황제는 자기야말로 신이며, 모든 백성은 황제를 예배해야 한다고 강요했다. 그러나 기독교도는 황제예배를 완강히 거부하므로 대학살당한 것이다. 하지만, 성서는 하나님이 되려고 해도 절대로 하나님이 될 수 없는 인간의 모습을 666이라는 숫자로 나타낸 것이라고 밝히고 있는 것이다.

그리고 유태인을 대량 학살한 아돌프 히틀러의 이름도 666이 된다. 이것은 우연의 일치일까? 네로황제나 히틀러 같은 독재자가 글로벌 세계를 지배하고 자신들의 이데올로기에 반하는 사람들을 학살하는 시대가 또 올 것인가? 성서는 정말 그것을 경고하고 있는 것일까?

독재자라니? 무슨 소리야?

"독재자라니? 무슨 소리야? 도대체 우리를 어떻게 속인다는 거야. 갑자기 찾아와서 '여러분, 앞으로 이런 민주적인 방법은 버리고 나에게 모든 권한을 주세요.' 라고 말한다는 거야?"

물론 그런 일은 일어나지 않는다. 독재자는 사회 쪽에 문제가 있을 때 먼저 전제권력을 손에 잡고, 혼란을 해결하는 최후의 수단으로 세계가 주도권을 포기할 때 마침내 독재권을 얻을 수 있기 때문이다.

히틀러도 그런 시대에 등장하지 않았다면 그런 정도의 놀라운 권력을 휘두를 수 없었을 것이다. 이미 말한 바와 같이 적그리스도가 등장하기 전에 세계가 혼란과 불안에 휩싸일 시대가 찾아온다는 것이다.

독재자 등장에 길을 제공하는 세계적 기반이 정말로 존재할 수 있을까? 그와 같은 징조를 찾을 수 있을까? 이제 와서 딴소리는 그만두자. 2001년 9월 11일, 세계는 최후의 시저가 문을 연 것이다.

**세계가
안고 있는
시한폭탄**

그러면 이렇게 세상을 놀라게 한 사건이 일어나야 하는 원인은 어디에 있는 것일까? 그것은 세계를 불안에 떨게 하려는 원흉이 있기 때문이다. 세계는 그 문제에 눈을 돌리지 않으면 안 된다. 그 문제가 세계를 놀라게 하는 위기도래의 기본이 된다. 그것이 무엇일까?

중동문제 – 그렇다. 그것은 자본주의 경제의 힘과 번영의 상징이 붕괴되는 것을 리얼타임으로 목격할 수 있게 하는 결정적인 최대의 요인이다. 이스라엘을 둘러싼 중동정세라는 출구 없는 터널이 존재하지 않았다면 세계가 불안에 떨어야 하는 무차별테러는 일어나지 않았을 가능성이 크다.

중동문제가 없었다면 일본의 수도 '도쿄'에서 출근 시간에 습격한 살인테러까지 전 세계가 연대할 정도의 불안을 선동하기에는 너무나 영향력이 적다.

세계가 테러라는 무차별 공격에 고민하기 시작했던 현대사의 직접적 원인은 1948년, 중동의 소국 이스라엘이 생명을 회복한 것에서 시작되었다고 해도 과언이 아니다.

이슬람교도들은 이스라엘이라는 나라에 대해서 깊은 증오심을 나타낸다. 미국 동시다발 테러 직후에 일본의 보도 프로그램이 자주 중동문제를 해설하고 있던 것이 기억에 새롭다. 중동문제는 세계의 화약고이며, 세계가 품고 있는 시한폭탄이다.

그리고 3대 대륙의 중심에 위치하여 지배자들의 정복욕을 자극하지 않을 수 없었던 '평화의 도시'라고 불려지는 예루살렘은 세계의 항구적 평화달성을 위해 해결하지 않으면 안 되는 최대의 장벽인 것이다. 이미 이 객관적 사실에 이의를 달 사람은 없다. 하지만, 이것이야말로 성서가 예언해왔던 종말의 정세인 것이다.

이것은 신앙의 문제가 아니다. 다만, 세계는 성서 그대로 움직이고 있다. 이것만이 객관적 사실이다.

제4장

Bible Reality

인류의 성지 예루살렘

Bible Reality 1
예루살렘은 누구의 것인가?

**기구한 운명의
성지
예루살렘**

세계사 속에서 이렇게 기구한 운명을 거쳐 온 도시가 또 있을까? 멀리는 기원전 3000년대 후반에 기록된 에브라문서, 기원전 14세기에 기록된 엘 아마르나문서 등에 그 이름이 보인다. 그러나 역사적으로 중요한 위치를 갖게 된 것은 기원전 1000년경, 이스라엘 제2 왕조인 다윗왕이 수도로 정하였기 때문이다.

모세의 인도로 애굽(이집트)에서 탈출한 이스라엘 민족은 시내산에서 십계명을 받고 많은 어려움을 겪고 약속의 땅 가나안(지금의 팔레스타인)을 정복한다.

하나님의 손으로 직접 썼다는 '십계명' 석판은 '계약의 궤'라고 불리며, 이스라엘 사람들의 신앙에 가장 귀중한 것이 되었다. 이것은 성전의 전신(前身)인 이동식 성전, '성막(聖幕)'의 가장 깊은 곳, '지성소(至聖所)'에 안치되었다.

이스라엘 사람이 40년 동안이나 시내반도를 방랑하고 있을 때 그것은 민족과 함께 이동하고, 이 성소 주위에 사람들은 캠프를 설치했다. 이 '계약의 궤'가 이스라엘 사람의 손에 있을 때는 적을 물리칠 힘을 발휘하고, 또 적의 손에 빼앗기면 그들에게 재앙이 나타나는 불가사의한 힘이 있었다고 전해진다.

'사사'라고 부르는 비 세습지도자가 나라를 다스리고 있을 때 새롭게 나타난 강적 불레셋에 대항하기 위하여 민중은 점점 상비군과 그 리더로서 왕을 요구하게 되었다. 그래서 사울이 왕으로 추대되고 이스라엘 초대 왕조가 탄생한다.

제2왕조인 다윗왕 시대에 이스라엘은 통일되고 왕국의 절정기로 돌입한다. 이 다윗이 왕국의 중앙에 위치한 예루살렘을 공략하여 수도로 정한 것이다. 그 후 다윗의 아들 솔로몬 시대가 되고 이스라엘왕국은 번영을 이룩한다. 솔로몬은 이스라엘의 하나님을 위하여 성전을 건설하고, 그 중 가장 신성한 장소인 '지성소'에 이스라엘을 지키고 인도하여 온 야훼 하나님의 임재를 증거하는 '계약의 궤'를 안치했다. 이 때부터 성지 예루살렘의 역사가 시작된 것이다.

석양에 비치는 순금으로 쌓인 성전은 눈이 부셔서 바로 볼 수가 없었다고 할 정도이다. 이 영화를 한 눈에 보려고 시바여왕이 예루살렘으로 행차하였을 때 솔로몬 왕과 이루어진 로맨스이야기는 잘 알려져 있는 사실이다.

유태민족의 분열과 붕괴

솔로몬이 사망한 후인 기원전 922년, 솔로몬의 후계자 르호보암의 악정에 견딜 수 없었던 많은 민중들이 그를 거부하고 솔로몬의 부하였던 여로보암을 왕으로 세우고 그를 따랐다. 이것이 이스라엘(북왕국)이다. 르호보암에게는 유다족과 베냐민족이라는 두 부족만 남았다. 예루살렘을 포함하여 과거 통일왕국의 남부를 지배한 이 나라를 유태왕국이라고 불렀다.

분열 후에 두 왕국은 쇠퇴의 길을 걷게 된다. 주변 여러 나라의 위협과 더불어 두 나라가 언제나 대립하였다. 내정도 안정되지 못하여 쿠데타가 계속 일어난다. 그리고 결국 기원전 721에 이스라엘 왕국은 아시리아의 살마네셀 5세에게 멸망하고, 유태왕국도 기원전 586년에 신 바빌로니아 제국의 느브갓네살 2세에게 멸망당한다.

유태왕국이 바빌로니아에게 멸망당했을 때 성전은 파괴되고 예루살렘은 불타버렸다. 하지만, 신 바빌로니아의 전리품 목록 가운데 '계약의 궤'는 들어 있지 않았다. 이것은 세계사의 미스터리이다. '계약의 궤'는 이때 잃어버렸다고 생각하는 역사가도 있지만, 예루살렘 함락을 예견한 예언자 이사야가 이끄는 집단이 가지고 달아났다는 설도 있다.

이것은 여담이지만, 그 이후에 이 신기한 힘을 가졌다고 믿어지는 '계약의 궤'에 대한 탐구의 로망은 끊이지 않고 있다. 저 유명한 십자군도 실은 이 '계약의 궤'를 탐색하기 위하여 조직되어 이슬람교도들의 손에서 예루살렘을 되찾으려는 것이었다.

그리고 이 계약의 궤를 둘러싸고 나치 독일과 모험가 인디 존스가 쟁탈전을 벌이는 것이 해리슨 포드 주연영화《레이더즈 – 잃어버린 궤》이다.

현재 유태교 당국은 이스라엘이 이미 '계약의 궤'를 발견하여 안치하고 있다고 말하기도 하고, 어떤 사람은 에티오피아에 있다고 하고, 어떤 이는 일본의 쯔루기야마(劍山)에 있다고 한다. 그러나 진상은 오리무중이다.

유배지 바빌로니아에서 제도화된 유태교

이 민족적 위기는 유태인의 신앙부흥에 공헌하였다. 그들은 모세의 율법을 굳게 지키는 것으로 유배지 바빌로니아에서 이 민족과의 차별화를 꾀하고 스스로의 아이덴티티를 지킨 것이다.

이 기간에 유태현자의 구전(口傳)이 편집되어《바빌론 탈무드》가 생기고 야훼를 숭배하는 유태교가 체계적인 종교로 성립하게 되었던 것이다. 그러나 예수가 철저하게 비난한 것과 마찬가지로 바빌로니아의 영향을 받아 편찬된 탈무드나 구전을 중시하는 제도화된 유태교가 되었던 것이다. 예수는 이 종교지도자들에게 "너희들은 뱀과 같은 것들, 너희들은 게헨나의 형벌을 어떻게 피할 수 있겠는가?"라고 규탄한다.

어쨌든, 기원전 538년 아게메네스조 페르시아의 고레스 2세에 의하여 바빌로니아는 멸망하고 유태인들도 해방되었다. 종교적으로 관대했던 페르시아 지배 하에서 유태인들은 예루살렘으로 귀환하고 성전의 재건을 허락받는다. 이렇게 해서 완성된 것이 제2의 예루살렘성전이다.

또다시 반복되는 침략

그 후에도 예루살렘은 그리스제국, 로마제국이라는 강대국의 침략으로 조롱받게 된다. 유태인들은 신앙과 정신생활의 중심인 거룩한 성 예루살렘을 탈환하려고 기회 있을 때마다 필사의 저항운동을 계속해왔다.

그러나 기원후 68년에 막을 연 유태인들의 반란전쟁을 진압하기 위하여 파견된 디도장군이 이끄는 로마군에 의하여 서기 70년에 제2 성전도 산산이 파괴되고 만다. 로마군은 이때의 전승기념으로 성전 서쪽의 일부를 남겨두었다. 그것은 아주 먼 옛날 솔로몬이 쌓은 제1 성전의 초석으로 현존하고 있는 유일한 장소이며 현재 유태교도들에게 가장 신성한 장소이다.

이곳이 '통곡의 벽'이라고 부르는 장소이다. 까만 모자를 쓰고 긴 수염과 머리를 기른 정통파 유태교도들이 이 벽 앞에서 머리를 비비며 기도하고 있는 모습을 독자여러분도 본 적이 있을 것이다.

비잔틴 제국시대에 꽃핀 기독교의 성지

로마황제 하드리안은 135년, 예루살렘을 아엘리아 카피토리나(Aelia Capitolina)라고 개명하였다. 그는 탄압의 대상이었던 기독교와 관계된 것을 파괴하려고, 제2 성전 터에 그들이 믿는 최고신 쥬피터를 예배하는 성전을 세웠다. 또한 예수가 처형된 골고다 언덕에는 비너스신전을 세웠다.

그러나 313년 콘스탄티누스황제가 밀라노칙령을 내려서 기독교를 공인한 후에는 사정이 달라졌다. 당시 예루살렘의 실정을 들은

유태교도에게 가장 신성한 장소인 '통곡의 벽'

콘스탄티누스황제의 어머니 헬레나는 매우 가슴 아파하면서 예루살렘으로 성지 재발견을 위한 여행을 떠난다.

그녀는 예수가 십자가에 달린 장소, 묻힌 장소 등 예수의 흔적이 있는 장소들을 방문하고 그곳을 성지로 명명하였던 것이다. 물론 이것은 고고학적으로 완전히 틀림없는 방법으로 이루어진 것은 아니다.

콘스탄티누스황제는 아엘리아 카피토리나를 다시 예루살렘으로 개칭하고 로마 신들의 신전을 배제시켰다. 이때 건설된 것이 성분묘교회이다. 현재는 성지관광의 초점이 되고 있다.

이러한 재발견 작업은 그 후에도 계속되어 16세기 중반에는 예수가 십자가를 지고 걸어간 길인 비아 도로로자(고난의 길) 등의 위치도 알게 되어 많은 순례자들이 이런 장소를 방문하게 된다. 이렇게 기독교의 성지로서 예루살렘의 역사가 시작된 것이다.

**마호메트의
환상이
나타났다**

그 후에 비잔틴제국과 페르시아의 사산왕조가 서로 싸워 예루살렘의 지배자는 자주 바뀌게 되었다. 그 사이에 아라비아반도에서는 마호메트가 이끄는 이슬람교도의 세력이 대두하기 시작한다.

632년에 마호메트는 죽었지만, 아브 바글이 후계자가 되어 2년 후에 이슬람교도들은 아라비아반도 전 지역을 지배 하에 두었다. 계속해서 2대 칼리프인 오마르는 634년 비잔틴제국과 페르시아의 사산왕조에게 전쟁을 일으키고, 2년 뒤에는 팔레스타인에 침입한다.

그리고 638년 이슬람군은 예루살렘을 포위하였다. 양쪽의 교섭으로 비잔틴 지배 하의 예루살렘은 평화적인 항복을 했다. 여기에서 이슬람지배 하의 예루살렘 시대가 막을 연 것이다.

칼리프 오마르는 유대 제2성전 터에 목조의 모스크(사원)를 건립했다. 이것이 현재도 언덕 위에 있는 '암석 돔'이다. 또한 그 가까이에 3천명이 기도할 수 있는 이슬람의 엘 아크샤 사원이 있다. 암석 돔의 아래는 아라비아어로 '앗사후라'라고 부르는 암석이 있다. 이 암석은 이스라엘과 아랍인의 선조이며 '믿음의 아버지'로 존경받는 아브라함이 하나님에 대한 신앙을 표시하기 위해서 아들 이삭을 희생제물로 바치려고 했던 제단이라고 한다. 과거 유대 제2성전이 서 있던 바로 그 장소이다.

또한 이슬람교도들은 마호메트가 승천한 곳이 바로 밑에 있다고 믿는 장소이기도 하다. 실제로 마호메트는 메디나에서 죽었다. 하지만, 그는 환영이 되어서 유태의 신전 위에 나타나 전설의 말을 타고 승천했다고 이슬람교도들은 믿고 있다. 그러므로 이슬람교도들도 예루살렘을 메카, 메디나에 버금가는 성지로서 숭배한다.

그리고 1948년 재통일로

1099년 이번에는 십자군이 예루살렘을 점령했다. 하지만, 1187년에는 살딘이 다시 기독교도들로부터 예루살렘을 탈환했다. 그 후 아무르크(이집트 왕조)시대를 거쳐서 1517년부터 예루살렘은 오스만 터키제국의 지배아래 놓이게 된다. 20세기 초반의 예루살렘은 오스만 터키제국의 한 지방주로 수도 콘스탄티노플(현 이스탄불)에서 가장 먼 동네였다.

그러나 1917년, 400년 동안이나 이곳을 지배해왔던 오스만 터키제국의 성지지배권이 종지부를 찍게 된다. 영국군이 오스만 터키군을 추방한 것이다. 영국의 아렌비 장군은 12월 11일, 경의를 표하기 위하여 걸어서 예루살렘에 입성하였다. 여기에서 영국점령시대의 예루살렘이 시작된다.

그 후 1922년에는 유엔에 의한 영국위임봉지가 추인되고, 영국은 위임통치령을 분할하여 요르단강의 동쪽을 트랜스 요르단이라고 했다. 그리고 1948년에 이스라엘공화국이 독립선언하고, 1967

년 6일 전쟁으로 예루살렘은 이스라엘 공화국에 의하여 재통일되었던 것이다.

예루살렘은 인류의 성지

예루살렘은 이렇게 복잡한 역사를 거친 끝에 세계에 큰 영향을 주는 3대종교의 성지로서 세계가 무시할 수 없는 도성이 되었다. 거의 세계인구의 반 이상이 어떤 신앙의 이름으로 이 장소를 거룩한 땅으로 특별한 생각을 갖고 있는 것이다. 그러므로 정말로 인류의 성지라고 불러야 마땅할 것이다.

실제로 명실상부하게 세계에서 가장 주목을 받는 인류의 성패에 중요한 역할을 해온 것도 사실이다. 그리고 앞으로도 세계가 주목하지 않으면 안 되는 도시는 뉴욕이나 런던, 도쿄가 아니라 예루살렘인 것이다.

민족의 피와 역사가 숨어 있는 신앙과 현세의 종교로서 이득이 그다지 구별이 되지 않는 우리들은 이 도시가 갖는 특수성을 이해하기 어려울지도 모른다. 미국의 테러사건 직후에 환희의 소리를 지르며 즐거워한 팔레스타인 사람들을 보고 이해하기 힘들었던 사람도 적지 않았을 것이다.

하지만, 성서는 인류의 종말에 이 도시가 세계의 이목을 다시 집중하게 된다고 예언하고 있다. 그리고 점점 이 예언은 현실이 되고 있고, 미국의 테러사건을 계기로 세계인의 이목이 싫어도 예루살렘으로 향하고 있는 것이다. 정말로 우리는 성서의 예언이 현재진행형으로 실현되고 있는 시대에 살고 있다.

Bible Reality 2
유혈의 도시

**지금도
계속되는
암살극**

예루살렘의 귀속권을 둘러싸고 지금도 중동에서는 피를 부르는 투쟁이 계속되고 있다. 과거 이스라엘과 평화조약을 조인한 아랍세계 최초의 대통령이었던 이집트의 사다트는 1981년 9월 6일 제4차 중동전쟁기념 군사퍼레이드에서 이슬람조직 '지하드'에 의해서 암살되었다.

1993년에 오슬로 합의가 전격적으로 체결되고 중동평화 프로세스가 시작되었는데, 그 입안자였던 라빈 이스라엘 수상도 1995년 11월 4일 평화집회에서 놀아오는 길에 세 발의 종탄을 맞고 암살되었다.

종신형을 받은 암살범 이갈 아밀은 놀랍게도 이슬람 과격파가 아니고 동포인 이스라엘 사람이었다. 종교우파 가운데도 가장 과격한 그룹인 '에야르'의 멤버였던 것이다. 그는 '하나님이 유태인에게 약속한 토지를 넘겨주는 것은 하나님에 대한 반역행위'라는 종교적인 확신 때문이었다고 말했다.

암살사건 후 아밀은 잘못했다는 모습이 전혀 없었고 이 사람이 정말 암살범일까 하는 생각이 들 정도로 가슴을 펴고 당당했다. 그는 극우세력의 영웅이 된 것이다. 예루살렘-평화의 도시-은 그 이름이 뜻하는 것과는 전혀 다르게 거기에는 유혈의 거리가 있고, 지금도 많은 피를 계속 흘리고 있는 것이다.

이름을 남기지 못한 클린턴

클린턴 전 미국 대통령은 후세에 이름을 남기기 위해서 임기 중에 어떻게 해서든지 최후의 큰일을 완성하려 했다. 그것이 중동평화합의 달성이라는 위업이었다. 하지만, 그의 바람과는 달리 중동평화협상이 결렬되고 만 것은 아직도 기억에 새롭다. 마지막까지 해결을 보지 못한 문제가 성지 예루살렘의 귀속권에 관한 문제였다.

팔레스타인 측은 동 예루살렘을 팔레스타인 자치국가의 수도로 정하겠다고 주장하고 있고, 이스라엘 측은 예루살렘이 '영원불멸한 이스라엘의 수도'라고 선언하면서 쌍방이 한 치의 양보도 하지 않아 중동평화협상이 결렬한 것이다.

이스라엘 소식통은 "순회회담은 아무런 성과도 없이 끝나고 있다. 팔레스타인 측이 미국의 모든 중재안을 거부했다."고 전하고,

팔레스타인 소식통도 "이스라엘은 평화를 달성할 의사가 없다. 여기에 있는 것은 시간 낭비다."라고 하면서 함께 미국을 떠나버렸다.

이 결과 오슬로 합의는 완전히 좌절되었고, 오슬로 합의의 기간이 끝난 2000년 9월 13일 이후 충돌, 평화협상, 수상선거라는 3가지 사건이 동시에 벌어지면서 예루살렘에는 평화 협상과 수상선거라는 2가지가 사라지고 충돌만이 남았다.

샤론 정권 탄생으로 격화된 충돌

2001년 2월 이스라엘 수상 선거에서 압승한 우파 리크도의 당수 샤론은 국방장관 시절인 1982년 레바논 침공을 지휘한 장본인으로 팔레스타인 난민 학살에 대해 책임 추궁을 당한 인물이다. 순수 군인출신이자 초강경파로서 네타냐후 정권에서는 외상으로 일하면서 평화협상의 상대인 아라파트 팔레스타인 자치정부 의장과 악수를 거부할 정도로 반 팔레스타인주의자이다.

수상이 되기 전인 2000년 9월 28일, 샤론이 동 예루살렘 성지를 방문한 것만으로도 팔레스타인에 반발이 일어나서 이스라엘과 충돌이 격화되고 많은 피를 흘리게 했다. 샤론 정권 탄생 후 예루살렘은 이전의 온건노선을 버리고 강경노선으로 정책을 전환했다. 그러한 이스라엘에 불만을 품은 팔레스타인 측의 테러활동은 멈출 줄 모르고 샤론은 드디어 '자위 조치'로서 '최종적 해결'에 들어간다.

그 작전은 미사일 등의 하이테크 병기나 전차, 공격형 헬리콥터와 같은 일반 병기를 동원하여 통신접수 등의 국제정보망을 활용하면서 팔레스타인 과격파 간부의 대부분을 '암살리스트'에 따라서 이 잡듯이 모조리 사살한다는 작전이었다.

그리고 2001년 8월 27일 작전은 실행에 옮겨졌다. 사무실에 있던 압 알리 무스타파 PFLP의장이 암살된 것이다. 팔레스타인 측은 여기에 대한 보복으로서 2001년 10월 17일 이스라엘의 비에제 관광장관을 암살했다.

이렇게 팔레스타인 과격파 간부에 대한 섬멸작전이 계속되자 보복테러가 계속적으로 발생하고, 이란, 이라크, 시리아, 레바논 등 친팔레스타인 아랍제국이 분쟁에 개입하여 이른바 제5차 중동전쟁이라는 최악의 사태까지 발전할 수밖에 없었다.

'이 도성(都城)을 모독하는 자는 용서할 수 없다.' 관광객이 성지에 어울리지 않는 복장과 태도를 갖추지 않은 채로 들어오기만 해도 돌이 날라 온다. 가는 곳마다 자동 소총을 든 병사가 눈을 번득이고 있다. 초저공비행으로 이스라엘 전투기가 머리위로 지나간다……. 예루살렘 문제는 지금도 세계를 공포에 휩싸이게 하는 시한폭탄인 것이다.

신전의 언덕이 세계의 배꼽이다

과거 유태의 신전이 있었던 장소인 '신전의 언덕'은 유태인은 말할 것도 없고, 이슬람인도, 그리고 그리스도교인들에게도 가장 신성한 장소이다. 세계에서 이것보다 더 복잡한 역사를 목격한 성지는 존재하지 않는다. 말없는 성전 언덕의 돌들은 수천만이 흘린 피를 목격하고 흩어진 생명의 절규에 귀를 기울였을 것이 틀림없다.

유태교도들은 이 장소에 신전을 재건하기를 바라고 있다. 하지만, 그렇게 하면 이슬람세계가 가만히 있지 않을 것이다. 그곳에는 바위로 된 돔과 엘아쿠사 사원이 높이 서 있기 때문이다. 이것들을 파괴하지 않는 한 신전 건축은 불가능한 것이다. 이스라엘 정부가 그러한 강경 수단을 취한다면 세계의 이슬람교도가 총궐기할 것은 불 보듯 뻔하다.

이러한 피 비린내 나는 예루살렘 정세를 생각하면 이슬람 성지인 모스크를 파괴하고 유태신전을 재건한다는 것은 아무리 생각해도 불가능한 일이다. 하지만, 이 불가능한 일을 굳이 할 수 있는 사람이 있다고 한다면 그 인물은 세계가 칭찬할 만하다. 그리고 그런 인물이 유태인이 대망하고 있는 메시아인 것이다. 이스라엘에 갈 기회가 있다면 열렬한 유태교인에게 물어 보라.

"당신은 어떠한 인물이 메시아라고 생각하십니까?"라고.

그들은 누구나 다 이렇게 대답한다.

"우리 신전을 재건해주는 인물이다."

계속해서 이렇게 물어보면 재미있다.

"왜 예수는 메시아가 아닙니까?"

하고 물으면 그들은 반드시 이렇게 대답한다.

"예수는 자신을 하나님의 아들이라고 말했기 때문이다. 우리는 하나님의 아들을 원하지 않는다. 인간이다. 정치가를 원하고 있는 것이다."

이렇게 2000년 전의 예수의 말이 그대로 이루어진다.

"나는 내 아버지의 이름으로 왔으매 너희가 영접하지 아니하나 만일 다른 사람이 자기 이름으로 오면 영접하리라."(요한복음 5:43)

메시아란 어떤 의미인가?

알다시피 그리스도란 메시아의 헬라어 표현이다. 메시아란 히브리어로서 '기름부음 받은 자'라는 의미의 칭호인 동시에 지위이다. '기름 부음 받은 자'란 하나님의 영이 특별히 내린 사람이라는 의미로 하나님의 능력을 상징적으로 나타내는 독특한 이스라엘의 호칭방법이다.

또한 당시는 왕도 특별히 '기름부음 받은 자'라고 생각하였다. 그러므로 고대 이스라엘에서는 왕의 즉위식 때 머리에 올리브유를 흠뻑 부었다. 이것이 하나님의 영이 들어와 있다는 것을 표현하는 상징적인 의식이었기 때문이다.

그리고 예수라는 이름은 히브리어의 예수, 혹은 여호수아라는 헬라어 발음의 이름으로 당시 이스라엘에서는 어디에서나 있던 일반적인 남자의 이름이었다. 이스라엘 사람의 이름에는 일본어 이름과 똑같이 의미가 들어 있다.

예수란 '주님은 구원이시다.'라는 의미의 이름이다. 대다수의 일본인은 예수가 이름이고 그리스도가 성이라고 생각하고 있는 모양이지만, 이것은 잘못 알고 있는 것이다. '예수그리스도'란 '기름부음 받은 자, 예수'라는 의미이다.

유태인들 사이에는 과거 선조들을 약속의 땅으로 인도해낸 모세

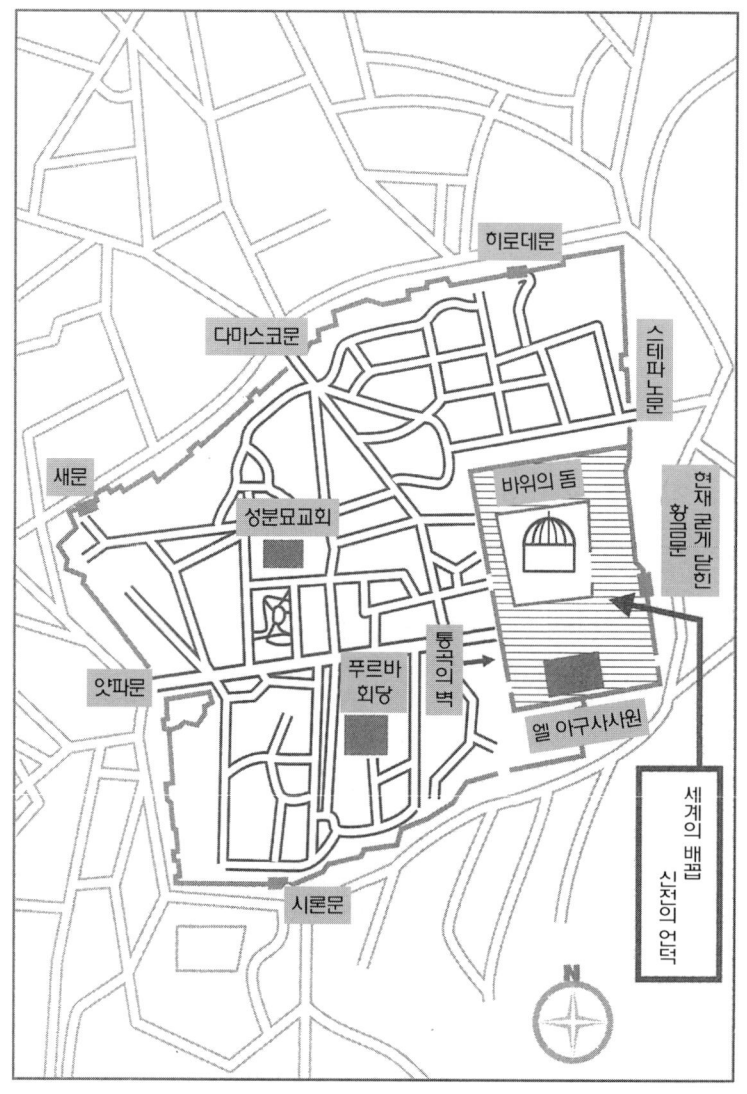

예루살렘 구시가 지도

와 같은 위대한 지도자, 해방자가 다시 나타날 것이라고 믿는 민간 신앙이 있다. 이것은 모세 자신이 한 말을 인용한 것이다. 신명기에 이렇게 기록되어 있다.

> "네 하나님 여호와께서 너의 중 네 형제 중에서 나와 같은 선지자 하나를 너를 위하여 일으키시리니 너희는 그를 들을 지니라."(신명기 18:15)

그러므로 유태인은 모세 이후에도 계속해서 모세와 같은 위대한 예언자를 대망하고 있었던 것이다. 그들은 그 인물이야말로 이스라엘에 자유를 가져다주는 참 메시아, 기름부음을 받은 자라고 믿고 있다.

나사렛 예수라는 이름으로 활약한 인물을 메시아였다고 믿는 사람들은 세상에서 말하는 그리스도교도들이고, 예수가 메시아라고 믿지 않고 아직도 메시아 도래를 대망하고 있는 사람들이 유태교도들이다.

메시아는 동문으로부터 들어온다

예언에 따르면 메시아가 하나님의 나라를 수립하기 위해서 예루살렘에 입성할 때는 동쪽 현관문으로 들어온다고 믿고 있다. 예루살렘은 성벽으로 둘러싸인 거리로서 8개의 문이 있는데, 이 황금 문이야말로 신전의 언덕으로 통하는 문이다.

예수가 십자가형을 받기 1주일 전에 예루살렘에 입성했을 때도 동쪽에 있는 문으로 들어왔다. 예수가 자칭(自稱) 메시아라고 주장한다고 당시의 유태민중은 그렇게 이해하고 있었다.

그러므로 현재에도 유태인들은 언젠가 메시아가 이스라엘을 위해서 강림할 때 예루살렘의 동쪽 황금 문으로 입성할 것이라고 굳게 믿고 있다. 하지만, 현재 예루살렘에 가보면 이 문은 완전히 폐쇄되어 바깥에서 접근할 수 없다.

이것을 막은 사람들이 이슬람교도들인 것이다. 과거에 예루살렘을 이슬람교도들이 지배하고 있었을 때 유태인의 왕이 될 메시아가 예루살렘에 들어오면 곤란하다고 생각하여 이 문을 폐쇄했던 것이다. 그들은 이 문 바로 앞을 묘지로 만들어버렸다. 메시아 도래를 어떻든 저지하고 싶다는 바람의 표시이다. 그래서 현재 예루살렘에 가면 이문 밖에는 묘지가 있다. 그 묘지를 멀리 손가락으로 가리키면서 유태인 버스 운전사가 "언젠가 메시아가 이 문을 통해서 들어오기를 우리 유태인들은 기다리고 있지요!" 라고 자랑스럽게 말해주던 것을 나는 지금도 잘 기억하고 있다.

성서가 신화의 책이라고 생각하는 일본인이 매우 많겠지만, 예루살렘에 가면 그러한 개념은 완전히 사라져 버린다. 그곳에 있는 것은 정말로 바이블 랜드(bible land)이며, 그들의 생활 구석구석에 여러 형태로 성서가 숨쉬고 있는 것이다.

**예루살렘은
위험도
100%**

미국 안에는 600만 명의 유태인이 살고 있지만, 1000만의 이슬람교도도 함께 살고 있다. 이슬람권은 약 12억이고 세계 인구의 5분의 1이다. 신전의 언덕에 있는 이슬람사원이 파괴되고 그 땅에 유태 신전을 건축한다는 엄청난 사태가 일어난다면 이렇게 많은 사람들을 적으로 돌리는 셈이 된다.

그러므로 '신전의 언덕' 문제야말로 세계가 해결해야 할 최후의 어려운 문제라 해도 과언이 아니다. 하지만, 반대로 세계를 대혼란에 빠뜨리려면 가장 효과적인 테러 표적이 '신전의 언덕'이라고 할 수 있지 않을까?

보이지 않는 적이 금으로 된 돔, 혹은 바위로 된 돔, 아니면 '탄식의 벽'을 파괴한다면 세계는 틀림없이 대혼란으로 떨어질 것이다. CIA(미 중앙정보국)나 모사드(이스라엘 첩보기관)는 그러한 시나리오도 예상하고 테러대책에 분주히 대처하고 있다는 것은 말할 것도 없다.

Bible Reality 3

나는 평화의 군주이다

**세계를
깜짝 놀라게 할
포괄적 평화조약**

세계의 지도자라면 누구나 알고 있는 것이 있다. 그것은 이 복잡한 예루살렘 문제를 포함한 중동에 평화를 가져올 수 있는 인물이 있다면 그는 세계의 명사로서 칭찬 받고, 위대한 인물로서 세계에 이름을 남길 것이라는 사실이다.

이것은 매우 현실적인 문제이다. 아마도 이런 신전의 언덕 문제를 해결하는 사람은 세계적인 카리스마로서의 자격과 자질을 가졌다고 해도 좋을 것이다. 그리고 성서는 매우 명확하게 폭로한다. 최후의 시저가 어떻게 세계의 정점에 서게 될 것인지를. 그것은 마치 결말을 먼저 알고 영화를 보는 것과 같다.

성서는 마땅히 와야 할 독재자가 자랑스럽게 세계의 무대에 등장하게 되는 길, 즉 그 시대의 복잡한 세계정세를 매우 분명하고도 정확하게 밝혀주고 있는 것이다. 전 세계가 주도권을 자연스럽게 내어줄 적그리스도는 역사에 남을 하나의 위대한 사업을 달성하는 인물로서 등장하게 될 것이다.

그것이야말로 이 피투성이의 예루살렘 문제에 종지부를 찍는 중동의 포괄적 평화조약체결이라는 위업인 것이다. 여기서 2600년 전에 말한 다니엘의 말을 한 번 더 상고해보자.

> "그가 장차 많은 사람으로 더불어 한 이레 동안의 언약을 굳게 정하겠고, 그가 그 이레의 절반에 제사와 예물을 금지할 것이며, 또 잔포하여 미운 물건이 날개를 의지하여 설 것이며, 또 이미 정한 종말까지 진노가 황폐케 하는 자에게 쏟아지리라 하였느니라."
>
> (다니엘 9:27)

이것은 정말로 놀라운 예언이라고 말할 수밖에 없다. '그'라는 것은 여기에서 우리들이 논해온 최후의 시저, 짐승을 말한다. 매우 명확히 "많은 사람으로 더불어 한 이레 동안에 언약을 굳게 정하겠고"라고 말하고 있다.

그런데 이것은 히브리어 원서로 읽지 않으면 의미가 통하지 않는다. '한 이레'란 7일 동안을 뜻하는 것이 아니라 7년을 말하는 것이다. 그는 많은 사람과 7년간 계약을 굳게 맺는다는 의미이다.

그렇다면 이 계약이 포괄적 평화조약이라는 것을 어떻게 알 수 있을까? 그것은 이 예언이 계약의 결과 나타나는 상태를 보면 알 수 있다. '7년의 언약을 정한다.'라는 것이 도대체 무슨 내용인지 한 번 더 주의 깊게 읽어보길 바란다.

'절반의 기간에 제사와 예물을 금지할 것이며'라고 기록되어 있지 않은가? 절반이란 3년 반을 의미한다.

이것이 무슨 뜻인지 이해가 되었는가? 제사와 예물이라는 것은 모세의 율법 가운데 규정된 야훼 하나님을 예배하는 제도이다. 기원전 14세기 경 성막이 완성된 이후, 유태인은 계속 모세의 율법에 따라서 제사와 예물을 바쳐왔다. 이것은 그들의 일상적 행위로서 하나님 앞에서 행하지 않으면 안 되는 것이고, 율법에 의해서 규정된 예배제도이다.

비둘기나 양, 염소, 소 등을 소득에 따라서 제단에 바치지 않으면 안 된다. 제사와 예물은 유태인에게 매우 중요한 의식이고 종교적 전통이며 신앙의 증거, 그 자체이다. 그 때문에 특별히 임명된 사제의 인도에 따라 규정대로 집행해야 하는 것이다.

그런데 이렇게 중요한 의식이 오늘날 행해지고 있지 않다. 왜 그럴까? 성전이 파괴되어 제사와 예물을 드릴 장소가 존재하지 않기 때문이다.

**예물이
부활하는
날**

그러나 다니엘서는 예언한다.

'절반의 기간에 제사와 예물을 금지할 것이며'라고. 이것은 그때 이전에 제사와 예물의 제도가 이미 재개되어 있다는 것을 뜻하는 것이 아닐까? 그렇다. 금지시키기 위해서는 구약성서와 같은 시대의 제사와 예물의 제도가 다시 존재하고 있어야 한다.

다니엘의 예언에 따르면 7년의 언약으로 예루살렘은 모세의 율법에 의해 제물의 제도가 재개되고, 그것이 엄숙하게 행해지는 기간이 존재하게 된다. 그리고 이 제도가 재개되려면 예루살렘에 성전이 건축되지 않으면 안 된다. 제물은 성전에서만 바쳐질 수 있는 것이기 때문이다. 이것은 실로 놀라운 미래의 예언이다. 이스라엘은 7년간의 언약을 계기로 성전에서 예물을 재개하게 된다. 다시 말해서, 마땅히 와야 할 시저는 예루살렘 문제를 해결하고 예루살렘 성전의 언덕에 유대성전을 재건할 수 있게 되는 7년간의 포괄적 평화조약을 주변제국과 체결한다는 것이다.

이와 같은 위대한 사업을 성취하는 인물은 세계로부터 칭찬받게 된다는 것은 이미 말한 그대로이다. 그리고 세계는 리얼타임으로 성전의 언덕문제를 해결하려고 한다. 현재 팔레스타인은 일방적으로 독립선언을 생각하고 있다. 그렇게 되면 샤론 정권이 가만히 있을 리가 없다.

이것이 지금 일어나고 있는 것이다. 성서는 이와 같은 정세가 나타난다는 것을 2600년 전부터 예언하고 있는 것이다. 얼마나 놀라운 책인가!

**중동은
세계외교의
실험장인가?**

"7년의 평화조약이라니? 아니, 그렇다면 그것은 정말로 현실에서 일어나고 있는 것과 똑같지 않은가?"

그렇다. 중동평화 협상의 기본이 된 합의이다. 이것 또한 7년간의 조약이었다. 오슬로는 노르웨이의 수도이다. 그리고 이 조약은 팔레스타인 자치국가 건설이라는 거대하고도 수준 높은 단계를 달성하는 엄청난 전환점이었다. 이 조약에 기초해서 중동평화협상이 시작되었고, 현재 팔레스타인 잠정자치국가가 존재하고 있다. 팔레스타인은 단지 난민이 아니고 장래 완전한 독립국이 되기 위한 구체적인 한발을 내디딘 것이다.

오슬로 합의는 반년에 걸친 비밀협상 결과 전격적으로 결정된 것으로써 93년 당시 세상 사람들을 깜짝 놀라게 했다. 노르웨이는 EU에도 가맹하고 있지 않은 유럽 국가 중 하나이다. 적그리스도는 유럽을 손아귀에 넣는 인물이라는 것을 상기할 수 있을 것이다. 세계외교는 성서 그대로 움직이고 있다. 이것은 다가오는 미래에 대한 실험인 것일까?

유태에 있는 사람들은 산으로 도망하라

예수 자신도 종말의 날에 대해서 구체적으로 많은 예언을 했다. 마태복음 24장은 종말에 관해서 예수가 상세히 예언한 유명한 구절인데, 예수는 다니엘의 예언을 인용하면서 더 구체적으로 그 때의 모습을 가르쳐 주고 있다.

"그러므로 너희가 선지자 다니엘의 말한 바 멸망의 가증한 것이 거룩한 곳에 선 것을 보거든 그 때에 유대에 있는 자들은 산으로 도망할 지어다. 지붕 위에 있는 자는 집 안에 있는 물건을 가지러 내려가지 말며, 밭에 있는 자는 겉옷을 가지러 뒤로 돌이키지 말 찌어다. 그 날에는 아이 밴 자들과 젖먹이는 자들에게 화가 있으리로다. 너희의 도망하는 일이 겨울에나 안식일에 되지 않도록 기도하라. 이는 그 때에 큰 환란이 없었고 후에 없으리라."(마태복음 24:15-21)

예수는 다니엘이 예언한 인물이 '거룩한 곳에 선 것을 보거든 유태에 있는 자들은 산으로 도망할 찌어다.' 라고 경고했다.

다니엘이 예언한 '멸망의 가증한 자' 라는 것은 짐승을 말하는 것이다. 그가 거룩한 곳에 선다는 것이다. 유태인에게 거룩한 곳은 성전이다. 예수는 유태인이 멸망하지 않으면 안 되는 사태가 일어날 것이라고 경고하고 있다. 그것은 짐승이 성전에 서는 사건을 말한다.

또 한 구절 다른 곳을 읽어보면 다니엘이 예언하고 예수가 확인한 무서운 사건이 보인다. 이것은 그리스도의 사도인 바울이 한 예언이다.

"저는 대적하는 자라. 범사에 일컫는 하나님이나 숭배함을 받는 자 위에 뛰어나 자존하여 하나님 성전에 앉아 자기를 보여 하나님이라 하느니라."

(데살로니가 후서 2:4)

여기에서 그 전모가 분명하게 드러나게 된다. 적그리스도는 '하나님 성전에 앉아 자기를 보여 하나님이라 하느니라.' 는 것이다.

다니엘이 예언한 '잔포하여 미운 물건이 날개를 의지하여 설 것이며'를 예수는 "예언자 다니엘에 의해서 '그 잔포하여 미운 물건'이 거룩한 곳에 선 것"을 보거든 이라고 바꿨다. 그리고 바울은 "하나님 성전에 앉아 자기를 보여 하나님이라 하느니라." 라고 구체적으로 그가 하는 행위를 폭로한 것이다.

그는 과거의 지배자가 해온 것처럼 자기가 하나님이라고 선언한다. 과거 로마제국의 황제들은 절대적인 독재권한을 갖고 있었다. 역대 황제들은 자기에게 예배할 것을 일반국민에게 요구하고 선언했다.

그와 같은 일이 부활 로마제국에서도 일어난다고 성서는 경고하고 있는 것이다. 히틀러도 제3제국이라는 명칭을 사상 최강의 제1제국 '신성로마제국'에서 따왔다는 것을 우리는 상기해야 한다.

그리고 유태인들은 자기들이 속았다는 것을 알게 된다는 것이다. 다시 말해서 성전재건이라는 어려운 일을 이루어준 그를 메시아로, 열광적으로 받아들인 것이 최대의 잘못이었다는 것을 알게 된다는 것이다.

예수가 예언한 것은 이 때에 대한 것이다. 이 때에 이르러 예수의 경고를 되새기는 사람들은 예루살렘을 뒤로하고 열심히 도망하게 될 것이다.

독재
정치
3년 반

다니엘서 7장 25절로 다시 눈을 돌려보자.

"그가 장차 말로 지극히 높으신 자를 대적하며, 또 지극히 높으신 자의 성도를 괴롭게 할 것이며, 그가 또 때와 법을 변개코자 할 것이며, 성도는 그의 손에 붙인 바 되어 한 때와 두 때와 반 때를 지내리라."

여기에도 짐승이 성도를 괴롭게 할 것이라는 것이 예언되어 있는데 그 기간이 한정되어 있다. 한 때와 두 때와 반 때 이것도 3년 반을 의미하고 있다. 요한 계시록에도 3년 반이 반복된다.

"또 짐승이 큰 말과 참람된 말하는 입을 받고, 또 마흔 두 달 일할 권세를 받으니라."(요한계시록 13:5)

마흔 두 달이라는 것은 3년 반이다. 성서의 통일성은 분명하다. 부활 로마제국의 총통은 마흔 두 달간 폭군 네로와 같이 세계에 군림한다. 이것이 아주 정확히 성서 속에서 계속되고 있는 독재자의 지배기간이다.

"이는 그때에 큰 환난이 있겠음이라. 창세로부터 지금까지 이런 환난이 없었고 후에도 없으리라."(마태복음 24:21)고 예수로 하여금 말하게 할 정도의 고난의 때라는 것이다. 고대사회의 학살보다도, 고대로마제국의 독재자 살육보다도, 1, 2차 세계대전보다도, 아우

슈비츠보다도, 지금까지 아직 인류가 겪어보지 못한 대학살이라는 것이다.

나는 독자를 불쾌한 기분으로 만들고 싶은 것이 아니다. 성서가 세계를 해석하는데 유익한 정보를 제공하고 있는지 아닌지를 검증하고 싶은 것이다. 분명히 성서는 세계가 놀랄 정도의 대량살육의 시대가, 세계적인 분쟁의 시대가 찾아올 것이라는 사실을 예언하고 있다.

가까운 미래의 뉴스

이제 여러분도 가까운 미래의 뉴스가 보이기 시작할 것이다. 글로벌화 된 세계는 혼미의 상태가 점점 증가하고 있다. 테러 등으로 잠재적 불안요인이 증대하여 중동정세 악화에 따른 세계적 위기가 눈앞에 다가왔으며 미래의 불안정한 정세는 세계경제에 큰 타격을 준다.

그러나 유럽에서 등장하는 정치가가 중동의 포괄적 평화안을 수락시킨다. 그것은 깜짝 놀랄 7년간의 평화조약이라는 형식으로 열매를 맺는다. 그 후로 유럽경제가 부흥하여 불황의 세계를 이끌어 가는 견인차 역할을 한다. 이것을 계기로 세계는 종말의 시저에게 주도권을 넘겨주게 되고, 그는 글로벌세계의 정점에 올라서게 된다. 그는 하이테크를 이용하여 인류 일원관리체제를 확립시키고, 경제부흥과 번영을 목적으로 하는 세계는 기꺼이 그에게 권위를 넘겨준다.

그러나 3년 반이 지나면 그는 평화조약을 버리고 역대 황제와 같은 길을 간다. 세계에 대하여 황제로서 스스로를 예배하도록 강요하게 되는 것이다. 이때 그는 세계 총독부를 예루살렘으로 옮기고 유태의 제3성전의 지성소에 자신의 자리를 둔다.

이때 세계는 그가 제2의 히틀러였다는 것을 깨닫게 된다. 그리고 이것이 세계를 최후의 분쟁으로 이끄는 도화선이 되는 것이다.

**역사는
계속
반복한다**

"역사의 최대 교훈은, 인간은 역사에서 아무것도 배우지 않는다는 것이다."라고 헤겔은 말했다. 이율배반적으로 인류는 과거의 잘못에서 아무것도 배우지 않는다는 것이다. 제1차 세계대전으로 대량파괴를 체험하고도 세계는 또 대규모의 파괴를 계속하고 있다. 역사는 반복되기 때문에 두 번 있었던 일은 세 번 있을 수 있다고 한다.

"독재자라는 등, 대학살이라는 등, 정말 재미없군."

정말로 그럴까? 역사는 무엇을 증명하고 있는 것일까? 근대 국가의 역사는 침략의 역사가 아니었던가? 어떤 시대에도 세계는 패권 싸움을 계속해왔던 것이다.

20세기 강대국 미국은 유럽에서 건너온 일부 백인들이 만든 국가이다. 자유와 민주주의를 찾아서 그들이 한 것은 아메리카 원주민의 대량학살이었다. 남미는 어떤가? 스페인이나 포르투갈에서 달려온 백인이 같은 짓을 하지 않았던가?

오스트레일리아를 보자. 쿡 선장[James Cook (1728-79) 영국 항해가 : 역자 주]이 영국에서 건너와서 마음대로 영국령이라고 선언한 것이다. 두말할 것도 없이 그 대가는 오스트레일리아 원주민의 피였다.

백인에 의한 대량 살육과 대량파괴는 역사를 보면 전혀 이상할 것이 없다. 세계 각국의 국경선은 영국이나 유럽제국의 형편에 따라 그어진 것이라고 해도 과언이 아니다. 그렇다고 한다면 성서가 예언하고 있는 것은 전혀 새로운 게 아니다. 역사는 계속 반복되는 것이다.

다만, 단 하나 틀린 점은 다음에 일어날 살육은 정말로, 인류 최후의 살육이 된다는 것이다.

제5장

Bible Reality

성서를 알면 세계가 보인다

Bible Reality **1**

홀로코스트의 음산한 태동

**에스겔
38장의
예언**

신생 이스라엘은 성서 가운데 명확히 예언되어 있는 하나의 사건으로 크게 흔들리게 된다. 유태인들이 이스라엘 땅에 귀환한 후에 '북쪽의 끝'이라는 곳에서 믿어지지 않을 정도의 거대한 강적이 나타난다는 것이다.

이 적은 군소 동맹국을 이끄는 대국이다. 이 북방 연합국이 세상에서 일어날 마지막 세계대전을 일으키는 선도자로서 이스라엘을 침공하는 거대세력이다. 이 강적은 곧 러시아이다.

다니엘과 같은 시대에 또 한 사람 하나님이 세운 위대한 예언자가 있었다. 그의 이름은 에스겔이라고 한다. 다음은 유명한 에스겔 38장의 예언이다.

> "구름이 땅에 덮힘같이 내 백성 이스라엘을 치러 오리라. 곡아, 끝날에 내가 너를 이끌어다가 내 땅을 치게 하리니 이는 내가 너로 말미암아 이방 사람의 목전에서 내 거룩함을 나타내어 그들로 다 나를 알게 하려 함이니라."(에스겔 38:16)

읽어서 아는 바와 같이 이것은 '끝날'에 관한 예언이다. 그 날은 우리가 이 책에서 검증하고 있는 날이며 앞으로 일어날 가까운 미래의 일이다. '너'라는 것은 '곡'이라고 일컬어지는 존재로서 곡이 '내 땅', 즉 하나님의 백성이 살고 있는 이스라엘을 공격해온다고 하는 매우 확실한 예언이다.

언제 일어나는 일일까? 곡이라고 일컬어지는 군세가 언제 이스라엘을 침공할 것인지를 이 예언은 분명하게 하나의 시기로 암시하고 있다.

> "여러 날 후 곧 말년에 네가 명령을 받고 그 땅 곧 오래 황무하였던 이스라엘 산에 이르리니 그 땅 백성은 칼을 벗어나서 열국에서부터 모여 들어오며 이방에서부터 나와서 다 평안히 거하는 중"(에스겔 38:8)

실로 놀라운 예언이다. 이것은 이스라엘이라는 나라가 부흥하고, 그것도 안심하고 살고 있을 때에 일어난다는 것이다. 지금 이스라엘은 거의 안심할 수 없다. 그러나 도래할 인물이 7년간의 평화조약을 체결할 때 이스라엘은 성전 예배를 부활시키고 전에 없던 안정을 되찾는다. 이것은 평화조약이 체결된 후에 일어날 일이라는 것을 알 수 있다.

곡이 어떻게 러시아인가?

에스겔 38장의 예언은 "인자여 멜기세덱의 색과 도발의 대수장인 마곡의 땅의 곡에게 얼굴을 향하고 그에게 예언하여 말하라. 여호와가 이렇게 말씀하셨다. 메섹과 도발의 대수장인 곡이여"라고 부르면서 시작한다.

에스겔은 곡과 그가 이끄는 군세에 대한 고대사회의 민족적 배경을 밝혀 현대사회에 사는 우리가 이 민족 집단을 알 수 있도록 해놓았다. 곡은 대수장(大首長)으로 마곡이라고 불리는 고대국가를 지배했으며 메섹과 도발이라는 고대민족을 이끌고 있다.

독자는 어쩌면 이런 만든 이야기가 어떻게 현대의 러시아와 관계가 있을까 하고 생각할는지 모른다.

그러나 여기에 등장하는 이름은 만든 이야기가 절대로 아니다. 이들 명칭은 고고학자들이 발견한 많은 고대문서 속에도 등장하는 이름이다. 그러므로 이들 고대 민족의 명칭은 현대의 민족분포를 조사할 때 매우 유익한 고고학적 자료인 것이다.

대수장 = 로시 언어학적 증거

여기에 대수장이라고 번역되어 있는 원어는 로시(Rosh)이다. 19세기 초 히브리 학자로서 고대언어연구의 세계적 권위인 빌헬름 게세니우스 박사는 스스로 편찬한 히브리어 사전 속에서 '로시는 토르스산맥 북쪽, 윌가 가깝게 살고 있던 부족의 호칭'이며 로시는 러시아민족이 처음 역사에 등장한 흔적이라고 결론 내리고 있다.

이 로시(대수장)는 메섹과 도발 지역을 포함한 세력인데 도발은 도보로스크(러시아 최대의 주)의 어원이며 메섹은 모스크바의 어원으로 박사는 "이들 부족이 분명히 현재 러시아인을 구성하고 있다."고 말하고 있다.

또한 고대 유태를 연구하는 역사가 요세푸스는 '메섹'과 '도발'이 나중에 각각 '메섹케비'와 '도벨리츠'라고 불려졌다는 것, 그리고 마곡의 자손이 시시한 족이라고 불려져 흑해와 카스피해의 북쪽에 정착한 종족이라고 기록하고 있다. 즉 오늘날 러시아 지역에 정착한 민족이 마곡의 후예인 것이다. 또한 그는 '그리스인은 마곡을 스키타이인이라고 불렀다.' 고 쓰고 있다.

'북쪽 끝에서'의 지리적 증거

"네가 네 고국 땅 북쪽 끝에서 많은 백성 곧 다 말을 탄 큰 무리와 능한 군대가 함께 오되"(에스겔 38:15, 개역

개정판)

이 적이 이스라엘의 '북쪽 끝'에 있는 나라에서 공격해온다. 이스라엘의 북쪽 끝에 있는 나라는 어디인가? 이것을 살펴보는 데는 지구의(地球儀)를 보는 것으로 충분하다. 거기에 있는 것은 러시아이다. 구소련시대에 그곳은 소비에트연방이라고 불렸다.

그러나 냉전종결 후 세계에는 러시아가 다시 나타난 것이다. 현재 세계정세를 볼 때 이스라엘의 북쪽 끝에 있고 이스라엘에게 위협이 되고 있는 나라는 러시아 이외에는 있을 수 없다. 그러나 성서는 현재와 같은 정세가 존재하기 전부터 마지막 시대에 대두하는 러시아의 위협을 구체적으로 예언하고 있는 것이다.

러시아의 동맹국은 어디인가?

러시아는 단독으로 행동을 일으키는 것이 아니라, 몇 개의 동맹국과 연대 플레이를 한다고 했다. 에스겔은 그들 나라도 고대민족의 명칭으로 열거하고 있다.

> "그들과 함께 한 바 방패와 투구를 갖춘 바사와 구스와 붓과 고멜과 그 모든 떼와 북쪽 끝의 도갈마 족속과 그 모든 떼 곧 많은 백성의 무리를 너와 함께 끌어 내리라."(에스겔 38:5-6, 개역개정판)

러시아와 행동을 같이 할 나라로 최초에 거명되고 있는 것이 페르시아(바사) 이다. 이는 오늘의 이란을 가리킨다는 사실은 모든 성서전문가 사이에 일치하고 있다. 또한 현 파키스탄의 일부 시리아,

요르단 그리고 혼미를 거듭하는 아프가니스탄도 포함되어 있다.

2000년 11월, 러시아는 이란에 병기 공여를 중지한 미국과 '고아 체르놈이르진 협정'을 파기하고 이란을 향한 무기 수출을 재개했다. 또한 탈레반 이후의 아프간 신정권 참가를 획책하고 있는 4대 세력의 하나인 페샤와르 그룹을 지원하고 있는 것은 이란이며 북부동맹을 지원하고 있는 것은 러시아이다. 북부동맹이 카불을 제압하고 지금은 실효지배세력의 자리를 차지하고 있다.

이것은 각 파를 초월하는 존재로서 새 정권 창출에 주도권을 가지고 싶어 하는 전 국왕과 로마그룹의 시나리오가 붕괴되었다는 것을 의미한다.

그러나 가까운 미래에 있을 러시아 동맹국 이름은 보는 사람에게 뭔가 기분 나쁜 느낌을 가져오지 않을까? 그 외에 구스, 붓, 고멜, 도갈마가 거명되고 있다. 구스는 에티오피아이며 붓은 리비아를 가리키는 것이다.

여기에 이란과 리비아가 들어 있는 것도 실로 놀랍다. 이란과 리비아는 미국과 서방 여러 나라에 의해서 '테러지원국가'라고 지명되어 비난당하고 있다. 서방측이 가장 싫어하는 두 나라의 이름이 거명되고 있는 것이다.

2001년 8월, 부시대통령은 이란, 리비아 제재강화법을 5년 연장하는 법안에 서명했다. 1996년에 발효한 제재강화법은 이란과 리비아의 원유, 천연가스 산업에 일정액 이상을 투자한 국내외 기업에게 제재를 과하는 내용이다. 미국정부와 상거래를 금지시키고, 미국에 대한 제품수출금지, 혹은 미국 금융기관으로부터 1,000만

달러 이상의 차관을 금지하는 등 6항목의 제재조치 중 두 항목이 과해졌다. 이란과 리비아는 악한 자이기 때문에 필요이상 도와주는 것을 징계하자는 법률이다.

리비아는 아랍주의를 표방하는 국가이며 반제국주의, 반 이스라엘을 선명하게 드러내고 있다. 그러자 지금은 러시아와 매우 친밀한 관계가 되었다. 2000년 7월 30일, 리비아의 샤르캄 대외국제협력서기(외상)는 처음으로 러시아를 방문하여 푸틴 대통령과 회담하며 카다피의 친서를 전달하고 리비아 공식방문을 초청했다. 대통령은 이것을 수락했다. 샤르캄 서기는 크레바노프 부수상(국방산업담당)과도 회담하고, 병기의 수리, 근대화 등의 군사기술협력재개를 위한 기본합의에 도달했다.

2500년 전의 에스겔은 당연히 이러한 오늘의 정세를 알 수 있는 방법은 없었다. 그러나 러시아가 군사행동을 일으킬 때 이들 두 비토 받은 나라도 거기에 동조하여 유럽주의의 세계 총통(總統)에 싸움을 건다는 것은 매우 현실감이 있는 이야기이다.

창세기 10장에 있는 유명한 인물계보를 보면 고멜은 야벳의 장남으로 아스그나스와 리밧, 도갈마의 아버지이다. 히브리어의 아스그나스는 독일을 말한다. 게세니우스박사는 "도갈마는 고멜에서 파생한 북방 나라로 말과 염소의 산지이다."라고 말하고 있다. 그리고 박사는 도갈마의 자손 일부가 오늘날 아르메니아를 만들었다고도 쓰고 있다. 고멜은 독일이고 도갈마는 아르메니아 혹은 터키를 가리킨다고 생각된다.

종말의 시대, 글로벌화 되는 세계의 하나의 관리체제에 반기를 들고 이스라엘을 향해서 침략해오는 북방세력은 매우 거대한 군사동맹이 되는 것이다. 에스겔 38장은 오늘의 러시아 정세와 주변 여러 나라의 동향을 탐구하는 매우 중요한 국제적인 보고서라고 말해도 좋다.

독자도 이들 나라와 러시아의 관계를 주목해보길 바란다. 언젠가 이들은 이스라엘을 침공한다. 그것이 끝날에 러시아의 역할이며 기원전 2500년부터 확실하게 예언된 일인 것이다.

그 때 중동에서는 무슨 일이?

"내가 투기와 맹렬한 노로 말하였거니와 그 날에 큰 지진이 이스라엘 땅에 일어나서 바다의 고기들과 공중의 새들과 들의 짐승들과 땅에 기는 모든 벌레와 지면에 있는 모든 사람이 내 앞에서 떨 것이며 모든 산이 무너지며 절벽이 떨어지며 모든 성벽이 땅에 무너지리라." (에스겔 38:19-20)

그 날은 이스라엘에게는 불행한 날이다. 여기에서 묘사되어 있는 것과 같은 사건이 일어나기 때문이다. 대지진이 일어나는 것 같은 거대한 폭발을 의미하고 있는 것일까?

그러나 계속해서 읽으면 '각 사람의 칼이 그 형제를 칠 것이며'라고도 기록되어 있다. 통신시스템의 혼란이 공포에 휩싸이게 하여 공황상태를 만들든지, 아니면 동맹국 동지의 분열인지는 확실하지 않다. 그러나 이상하게도 그들은 동지가 서로 치고 받음으로서 파멸적인 피해를 받는다.

쏟아지는 불과 유황

"내가 또 전염병과 피로 그를 심판하며 쏟아지는 폭우와 큰 우박덩이와 불과 유황으로 그와 그 모든 무리와 그와 함께 있는 많은 백성에게 비를 내리듯 하리라."(에스겔 38:22, 개역개정판)

러시아를 중심으로 한 북방동맹국이 이스라엘을 침공하자 서방에서 반격을 하는 모습인가? 그렇다고 한다면 아마도 생물화학병기가 사용될 것이다. 전염병과 유혈이 일어나기 때문이다. 그리고 그 부대 위에 폭우와 큰 우박, 불, 유황이 쏟아진다고 한다.

2500년 전 에스겔 시대에는 현대적인 병기가 존재하지 않았다. 그는 환상으로 본 정경을 자기의 지식으로 써놓은 것이다. 그러나 현대를 사는 우리가 이것을 읽을 때 정말로 CNN에서 방영된 전쟁 장면을 방불케 하는 것이다.

중동판 가미가제(神風)인가?

그러나 이것은 고대의 소돔과 고모라가 하늘에서 내린 불로 멸망한 것과 같이 기적적인 천재지변일지도 모른다. 중동판 가미가제이다. 이 일로 이스라엘은 또다시 신앙의 대 부흥이 되고 적그리스도를 믿던 유태인의 눈이 완전히 열려진다는 것이다. 이렇게 씌어 있다.

"이와 같이 내가 여러 나라의 눈에 내 존대함과 내 거룩함을 나타내어 나를 알게 하리니 그들이 나를 여호와인 줄 알리라."(에스겔 38:23)

**유태인은
기적적인 승리로
하나님에게 돌아온다**

이것이 가미가제(神風)에 의한 것일지, 서방의 반격에 의한 것일지는 알 수가 없지만, 결말은 러시아군의 대패로 끝난다는 것이다. 독재자는 포괄적 평화조약체결이라는 전대미문의 성과를 이룩함으로써 세계 정상의 자리에 오른다. 그 권력의 절정기, 즉 평화조약체결로부터 약 3년 반 후에 그는 불손하게도 자신을 하나님이라고 선언한다. 이것이 세계적인 마지막 전쟁의 개막이 되는 것이다.

Bible Reality 2
유프라테스 강을 넘는 붉은 기마병

아시아 초강대국인 중국

"여섯째 천사가 그 대접을 큰 강 유프라테스에 쏟으니, 강물이 말라 버려서 해 돋는 곳에서 오는 왕들의 길이 마련되었다."(계시록 16:12)

성서를 조사하면 인류가 최종국면에 도달할 때 아시아에서 강대한 세력이 탄생한다고 밝히고 있다. 이것이 "해 돋는 곳에서 오는 왕들"이다. 인류의 최종 전쟁이 격렬하게 진행되는 가운데 이 왕들은 유프라테스 강을 넘어서 이스라엘로 침공해 들어오는 왕들이라고 예언되어 있다.

일본은 옛날부터 "해 돋는 나라"라고 불려왔다. 그러나 여기에서는 '왕들', 즉, 복수의 연합군의 존재가 예언되어 있다. 이스라엘에서 보면 해 돋는 쪽은 극동의 나라임에 틀림없다. 따라서 이 예언은 일본도 관련 있는 매우 중대한 아시아제국의 동향에 관한 예언이라는 것을 알 수 있다.

동양의 군대는 "사람의 삼분의 일을 죽이기 위하여 풀어놓았다."고 예언되어 있다. 무서운 살상능력을 가진 복수의 국가로 구성된 아시아 연합군이다. 계속하여 읽어보면 "말들은 머리가 사자의 머리와 같으며 입에서는 불과 연기와 유황을 내뿜고 있다."고 묘사되어 있다. 당시의 예언자에게는 '말'에 붙은 물체가 불과 연기와 유황을 내는 것처럼 보였다.

핵 공격의 모습을 2000년 전 인물이 보았다면 이렇게 묘사했다고 해도 이상할 것이 없다. 아무튼 그 군대는 무서운 살상능력을 가지고 있다. 현재 아시아에 존재하는 초 대국으로 핵을 보유하고 있는 것은 말 안 해도 아는 '중국'이다.

2억의 붉은 말

요한계시록의 예언 가운데는 이 무서운 살상능력을 가진 동양의 군대를 더욱 자세하게 해설하고 있다.

"내가 들은 바로는 그 천사들이 거느린 기마대의 수는 이 억이나 된다는 것입니다. 나는 이러한 환상 가운데서 말들과 그 위에 탄 사람들을 보았는데, 사람들은 화홍색과 청색과 유황색 가슴막이를 둘렀고, 말들은 머리가 사자의 머리와 같으며 입에서는 불과 연기와 유황을 내뿜고 있었습니다. 그 입에서 나오는 불과 연기와 유황, 이 세 가지 재앙으로 사람의 삼분의 일이 죽임을 당하였습니다."(계시록 9:16-18)

그런데 요한이 이것을 기록한 시대에는 세계인구가 2억도 되지 않았다. 그러나 요한은 하나의 군대만으로 2억의 병력을 가졌다고 구체적으로 예언하고 있는 것이다. 동시대 사람들은 이 천문학적인 숫자를 듣고 어떻게 생각했을까?

그런데 놀라운 것은 1965년 미국의《타임》지는 중국정부의 발표로서 '현재 중국에서 군사훈련을 받고 있는 사람이 2억이며 언제라도 동원할 수 있다.'고 보도하고 있다.

제6장

Bible Reality

바이블 리얼리티

Bible Reality **1**

세계에 군림하는
성서의 백성

**유태인은
선민이기 때문에
우수하다**

내가 이 말을 처음 들었을 때는 아직 초등학교 학생이었다. 나는 어렸을 때부터 클래식음악가 사이에서 자라온 관계로 N교향악단에서 활약하고 있는 바이올리니스트들과 장래 유망한 피아니스트들의 레코드를 감상하면서 위대한 지휘자나 작곡자들에 대해서 말하는 티타임에 동석하는 경우가 많았다.

그런데 나는 클래식에 취미가 많지 않았기 때문에 조용히 레코드를 들어야 하는 시간이 지루해서 견딜 수 없었다. 그런데 어느 날 우연히 나온 '유태인은 선민이기 때문에 우수하다.' 라는 발언에 적잖이 충격을 받았던 것을 지금도 선명히 기억하고 있다.

"어? 뭐라구요? 선민이라구요? 무슨 뜻이에요?"

이렇게 물으니까, 너는 그런 것도 모르냐는 얼굴로 같은 또래의 친구가,

"하나님이 특별히 선택한 민족을 말하는 거야."라고 말하는 것이 아닌가?

주위에 있는 사람들도 그런 것은 다 안다고 말하는 분위기에서 이야기가 계속 진행되었기 때문에 나만 알지 못하는 비상식적인 아이라고 생각하여 그 때부터 '유태인은 선민이기 때문에 우수하다.'라고 믿게 되었다. 그것이 유태인에 대한 이상한 동경과 유태인 탐구에 불을 지피게 된 직접적인 계기가 되었다.

지금 생각해 보면 거기에 있던 음악가들 가운데 유태인이 누군지를 정확히 정의할 수 있는 사람은 아무도 없었음에 틀림없다. 그들은 모두 단지 아는 척하고 있었던 것뿐이다.

그러나 클래식음악 세계에 깊이 빠져 살아가고 있던 그들이 유태인에 대한 독특한 경외의 마음을 실제로 가지고 있었다는 것은 상상하기가 그다지 어렵지 않다. 왜냐하면 일본인인 그들이 닮으려고 해도 가까이 갈 수 없는 정도의 능력을 발휘하고 있던 많은 위대한 음악가들이 유태인이었기 때문이다. 아이작 스턴, 번스타인, 나단 미르슈타인 등 끝이 없다.

세계에 준 충격

분명히 유태인의 우수성과 존재의 무게는 다른 민족을 압도하고 있다. 예술과 과학 분야뿐만 아니라, 노벨상 수상자의 1/3 이상이 유태인이라고 일컬어지고 있다. 역사상 많은 저명인이 유태인

이다. 하이네, 마르크스, 프로이드, 아인슈타인, 채플린, 톨스토이, 도스토예프스키…….

그 가운데도 특히 세계 경제에 대한 유태인의 영향력은 측량할 수 없다.

"만약 유태인이 북반구 여러 나라에 분산이주하지 않았다면 근대 자본주의 경제는 생겨나지 않았을 것이다."라고 경제학자인 웰라 존바르트가 말했지만, 정말로 그렇다.

그리고 현재에도 유태인은 세계 경제에 절대적인 영향을 미치고 있다. 전 세계 2,400만 명의 유태인 가운데 약 600만 명이 미국에 거주하고 있고, 그들이 미국 경제에 주는 영향은 측량할 수가 없다. 록펠러 재단, 몰간 재단, 드봉재단 등 천문학적인 부를 가진 거대 자본가 그룹의 상위는 모두 유태계이기 때문이다.

자주 세계 제일의 부자는 마이크로소프트의 빌 게이츠라고 일컬어지고 있지만, 그의 재산은 584억 달러인데 록펠러 가족의 재산 총액은 8천 375억 달러이다. 엄청난 재벌임을 알 수 있다.

자본주의에서는 당연한 일이지만, 국가적 전략과 기업의 이익이 기본적으로 일치하지 않으면 안 된다. 특히 미국에서는 안전보장의 전략요소인 군사기술, 에너지, 식량, 금융, 정보, 지적소유권 등의 정치 전략과 기업전략이 서로의 이해관계로 잘 일치하고 있다.

그러면 미국 국내에서 절대적인 힘을 과시하고 있는 유태자본그룹의 계열 회사가 미국 경제전체에 얼마나 영향을 주고 있을까? 그 충격은 상상을 초월한다. 금융경제가 실체 경제를 훨씬 초월하는 거대한 몬스타(괴물)로 성장하여, 국가를 초월하는 시장을 형성하는 원리인 글로벌 세계로 통일하려는 미국지배계급과 재벌과의 융합은 당연한 것이다.

그것은 미국 국내에 멈추지 않는다. 이들 유태계 재벌을 살펴보면 구미최대의 금융의 톱인 로스차일드 패밀리와 구미의 귀족, 왕족, 친척과 연결되어 있다. 로스차일드도 또한 유태인이다.

이렇게 보면 구미의 지배계급과 국제적 유태자본 네트워크는 밀접하게 연결되어 있다기보다 오히려 이미 일체화되어 있다고 해도 과언이 아니다.

그러므로 유태계 재벌을 포함한 구미 자본가 그룹과 유럽 귀족 그룹은 세계 경제에 압도적인 힘을 자랑하고 있는 존재라는 사실을 알 수 있다. 그리고 그들이야말로 글로벌리제이션의 추진파인 것이다.

금융경제는 유태인의 것

처음부터 금융경제는 유태인들의 손으로 만들어진 것이다. 기독교도가 지배했던 중세유럽은 기독교도가 이자를 취하는 것을 금지하고 있었기 때문에 야만적인 직업이라는 금융업은 유태인에게 넘어갔다. 상업이나 금융업 이외의 다른 직업을 얻을 수 없었던 유태인들은 그 둘 중에 어느 것을 하지 않으면 안 되었다고 해도 좋다. 즉, 유태인은 전당포나 금괴관리인, 환전 등 이자를 취급하는 금융업에 종사할 수밖에 없었던 것이다.

당시 그들이 도달할 수 있었던 최고의 영예는 왕후귀족의 재산을 관리하는 궁정유태인이 되는 것이었다.

그런데 1600년대 신성로마제국의 권력이 약화되면서 점차 제후는 황제권력에서 벗어나 독자적으로 영지를 지배하게 되었다. 그러자 심각한 관료부족, 화폐부족이 뒤따랐고, 그 원료가 되는 은의 부족이 큰 문제가 되었다. 그 문제를 해결한 사람들이 수백 년 동안 금융거래를 배우고 크게 상거래를 전개해왔던 유태인들이었다.

이렇게 해서 유태인들은 국가권력의 중추에 들어가고 금융이라는 매개를 통해서 국가에 영향력을 행사하게 된 것이다. 많은 탄압과 추방으로 세계에 흩어져 살던 고난의 역사는 결과적으로 세계 각지에 '신뢰할 수 있는 동업자' 네트워크가 되었다. 그들은 이 네트워크를 활용해서 무역 등의 상거래에 깊이 관여하고 환전시스템을 발달시켰던 것이다.

당시의 배는 해적에게 공격당하기 일쑤였고, 때로 배가 침몰하면 '투자가들'은 손해를 보게 되었다. 그런 가운데 유태인은 무역상인들로부터 적립금을 징수하여 그런 손해를 볼 때 손실을 보전하는 보험을 탄생시켰다. 또한 사업의 위험을 여러 사람들이 나누어 짊어지는 주식회사의 원리를 만들어냈던 것이다.

하지만, 유태인은 재산을 몰수당하는 위험과 피부를 맞대며 살아왔기 때문에 무기명 은행권을 발행시켜서 유통시켰다. 이것이 나중에 구미각국이 중앙은행을 통하여 지폐를 발행하여 운영한 시스템이다. 유태인이야말로 금융경제의 기본원리, 그것을 구축한 사람들이다.

이미
게임오버
일본

유태인은 성서의 민족이다. 유태인이 금융경제시스템을 만들고 현실적으로 국제 자본가 그룹으로서 세계 경제에 절대적인 영향을 주고 있다면 유태인을 이해하지 않으면 세계경제를 이해할 수 없다. 그리고 유태인을 이해하는 길은 성서를 이해하는 일 외에 다른 길이 없다.

이전에 투자가들의 금융시찰여행을 동행하여 오스트리아를 방문한 적이 있다. 당시 동행인 중 한 사람이 과거 30년간 금의 움직임을 관찰했을 때 금융거래는 금융시장의 조작으로 운용되고 있다는 사실을 알게 되었다고 한다. 그리고 여러 각도에서 위험관리를 연구한 결과 '성서적 발상'이 근간이라는 결론에 도달했다고 한다.

분명히 그는 일본의 개인 투자가가 모두 참패하고 있는 가운데 독자적인 성서적 발상으로 위험관리를 하여 확실하게 이익을 챙기고 있다. 그 때 만난 큰 은행의 한 젊은 행원이 아무렇지 않게 "펀드, 혹은 운용이라고 말하지만, 처음부터 영국귀족들의 재산을 지키고 증식시키기 위해서 유태인이 만든 게임 같은 것이기 때문에……." 라는 말을 듣고 심히 놀랐다.

나는 이 점에 관해서 금융전문가들이 얼마나 인식하고 있는지 한 소식통을 통해서 취재했다. 오랫동안 한 큰 도시은행에 근무한 적이 있는 T씨에게 이야기를 들었다. T씨는 어느 날 "내 친구인 기업가에게 엔 자산은 해외에 넣어두세요."라고 말했던 인물이다.

"엔 자산을 해외에 가지고 가라구요? 그것은 무슨 말입니까?"

그가 물으니까 신중한 어투로 이렇게 말했다.

"이 상태까지 와버린 일본의 불량채권을 처리하는 원칙적이고도 유일한 방법은 유태인 자본가에게 파는 방법밖에 없습니다. 결국 돈이 나올 구멍은 그곳뿐이기 때문이지요. 일본은행 주식의 40%는 유태계 자본가가 소유하고 있어요. 아마도 곧 60% 정도가 될 것입니다.

그렇게 되면 일본의 금융컨트롤은 일본에서 할 수가 없게 되지요. 일본의 금융 컨트롤을 일본이 할 수 없다는 말입니다. 일본이면서 일본이 아닌 나라가 되는 것이지요. 그러므로 엔을 해외로 보내는 게 좋습니다."

T씨는 머지않아 일본은행이 IMF(국제통화기금)의 감사를 받게 될 것이라고 한다. 감사를 받는다는 것은 일본이 일본일 수 없게 되는 첫 걸음이다. 물론 IMF도 유태계이다. 한편 큰 증권회사에 19년간 근무한 금융인 N씨도 엔 자산을 될 수 있으면 밖으로 가져가는 일에 전적으로 동의하고 있다. 물론 회사의 공식견해는 그렇지 않다고 그는 말했다.

"금융컨트롤을 이미 일본에서 할 수가 없는 상태입니다. 이미 끝났기 때문입니다. 이미 게임오버이지요. 게임센터에서 게임오버가 되었는데 아직도 핸들을 잡고 앉아 있을 때가 있어요. 꼭 그와 같은 것입니다. 화면은 나와 있지만 핸들을 잡아도 움직이지 않지요. 이미 게임오버이기 때문입니다. 그것과 같아요……."

나는 계속해서 이렇게 물었다.

"시스템을 만든 유태인들이 거대한 자본 네트워크를 구성해서 시장경제에 싸움을 부추긴 것이네요. 그런 곳에서 일본이 이길 수 있습니까?"

N씨는 이렇게 말했다.

"절대로 이길 수 없지요. 이미 어떻게 될 것인지 결정되어 있으니까요."

또 T씨는 이런 말도 했다.

"지금까지의 일본 금융은 치외법권이었습니다. 그런데 금융 빅뱅으로 글로벌 스탠더드에 끌려나온 것입니다……."

"그 결과 얻은 것은?" 하고 물으니까 T씨는 말했다.

"얻은 것은 아무것도 없습니다……. 일본인들은 글로벌 스탠더드의 무서움을 깨달았지요. 하지만, 막대한 자본과 프라이드를 잃어버렸지요……."

그들은 자본주의 세계의 뿌리에 있는 금융경제라는 유태인의 저력을 피부로 느낀 것이다. 분명히 유태인의 파워와 영향력은 측량할 수 없다. 그런 존재이기 때문에 유태인이 누구인지를 알지 못하면 금융경제가 돌아가는 것을 알 수가 없다. 그것은 자본주의 사회의 특성을 이해할 수 없는 것과 같다고 내가 주장하는 이유가 여기에 있다. 그들은 이 점에 관해서 전적으로 동의하며 이렇게 말했다.

"정말 그렇습니다."

그들은 기독교도도 아니고, 성서의 내용을 아는 사람들도 아니다. 그러나 유태자본이라는 거대한 힘과 싸우고 있는 사람들이다. 그들은 살아남기 위해서 상대의 거대함을 실감하면서 가혹한 금융

사회에서 싸우고 있다. 상대를 알지 못하면 싸움에서 이길 가능성은 전혀 없다. 그러므로 성서를 알지 못하면 세계가 보이지 않는다는 사실에 완전히 동의하는 것이다.

Bible Reality **2**

세계사 최대의 터부
- 유태인은 누구인가?

**유태인은
셈족이
아닌가?**

나는 20세 때부터 본격적으로 성서를 공부하게 되었다. 그때 처음 유태인이 성서 속에 나오는 민족이라는 사실을 알게 되었다. 그런데 큰 감동 속에서 성서연구를 진행하는 도중에 나는 하나의 불가사의한 사실을 깨닫게 되었다.

유태인이란 성서를 읽어보면 이 책의 제1장에 기술한 바와 같이 아브라함의 자손이며 교과서에도 나오는 셈어족에 속하는 사람들이다. 구약성서에도 노아로부터 셈, 함, 야벳이라는 세 자녀가 태어났고 아브라함은 세 아들 가운데 셈의 혈통을 이어받은 사실이 명기되어 있다.

셈족이란 아가드어, 가나안어, 아람어, 히브리어, 아라비아어, 에

티오피아어 등을 포함한 셈어, 혹은 셈어를 모국어로 갖는 사람들이다. 신체적 특징은 중키에 담황갈색의 피부와 검은 머리, 검은 눈을 하고 있다. 소위 전형적인 아랍인을 상기해 보면 좋다. 오사마 빈 라덴도, 후세인 이라크 대통령도 셈계 사람이다.

그때까지 예수가 파란 눈을 가진 금발의 남성이라고 생각하고 있던 나에게는 예수도 실은 갈색 피부를 가진 셈족 사람이었다는 사실을 알고 참으로 놀랐다. 아브라함에서 시작하는 유태인도, 아랍인도, 다윗왕과 솔로몬왕도, 그리고 예수 그리스도도, 초대 예수의 제자들도 모두 셈족인 것이다.

그들은 까무잡잡한 얼굴을 한 유색인종이며 아시아인이다. 백인이 아닌 것이다. 성서에 나오는 유태인 중에는 백인이 한 사람도 없고 인종적으로 말해도 혼혈 외에는 백인이 존재하지 않는다.

'유태인 90%가 백인' 이라는 불가사의

그런데 나는 아무리해도 풀리지 않는 의문이 남았다. 왜냐하면 내가 그때까지 존경하는 마음으로 생각하고 있었던 유태인의 대부분이 '백인'이었기 때문이다.

앞서 말한 저명인들도 모두 백인인 것이다. 이것은 나를 매우 괴롭게 했다. 성서를 가르치는 사람들에게 물어보아도 납득되는 설명을 하지 못했다. 대부분의 사람들이 이렇게 말했다.

"그건, 오랜 세월을 거쳐서 혼혈이 되었기 때문에 지금의 유태인들처럼 모두 백인이 된 거야."

나치에 의한 홀로코스트(유태인대학살) 사진자료를 보아도, 묘지를 향해 무언의 행진을 하고 있는 사람들도, 어디를 보나 아랍계 사람들로는 보이지 않는다. 혼혈이라는데 어떻게 거리의 모든 유태인이 한결같이 백인일까?

나라를 쫓겨나 오랜 방랑생활 가운데 혼혈이 생겨나고 시대와 함께 백인처럼 보이는 유태인이 만들어졌다는 이론은 현실의 일부를 설명하는 것이다. 그렇다고 해도 백인계 유태인이 그처럼 압도적으로 많은 이유는 무엇일까? 실제로 현재 유태인이라고 불리는 사람들의 90%이상이 백인이다. 이것은 도대체 어떻게 된 것일까?

나는 오랫동안 의문을 가지고 있었다.

도대체 이 법률은 무엇인가?

내가 이런 의문을 여러 전문가들에게 말하면 또 하나 매우 기묘한 대답이 돌아오는 경우가 많았다. '반드시'라고 말해도 좋을 정도로 부활한 이스라엘 국가가 정한 귀환법에 따른 유태인에 관한 정의였다.

귀환법에 따르면 유태교도 = 유태인이라는 것은 현재의 유태나라가 적용하고 있는 정식 기준이다. 분명히 유태교라는 것은 성서를 보아도 민족종교이다. 그러므로 이것은 이해가 된다.

고대에서도 유태인 무리 가운데는 언제나 많은 외국인이 함께 살고 있었다. 이스라엘이 이집트에서 탈출할 때 따라온 사람도 있고 유태인이 산 외국인 노예도 있다. 그러나 그들은 '할례'라는 특별한 표지를 몸에 지님으로써 유태인 공동체의 일원으로 받아들여진 것이다.

할례는 남자 성기의 피부 끝을 자르는 의식인데, 이것은 신체적인 특징으로 한 눈에 알 수 있는 유태인의 '표지'이다. 고대사회에서 이러한 풍습을 가지고 있었던 것은 유태인만이 아닌데, 유태인의 경우 할례는 모세의 율법 가운데 제정되어 있는 '하나님과의 언약의 표지'이며, '계약의 백성'이라는 증거였던 것이다. 그러므로 고대 유태사회에서 유태인과 비유태인을 구별하는 가장 알기 쉬운 특징이 할례의 유무였다.

이(異)민족이라고 하더라도 '할례'를 받는 것에 의해서 유태공동체의 일원으로 받아들여졌다. 그러므로 '유태교도(할례를 받은 사람) = 유태인'이라는 정의는 고대로부터 이어온 전통이라고 말할 수 있다.

그러나 귀환법에 따르면, 만일 본인이 유태교도가 아니라도 어머니가 유태인이면 유태인이지만, 어머니가 비유태인이면 아버지가 유태인이라고 하더라도 유태인이 아니다.

또한 독실한 유태교도인 양친에게서 양육된 유태인이 개종해서 기독교도가 된 경우에 그 본인은 유태인으로 인정되지 않는다. 순수한 유태인 가정에서 태어나 자랐다고 하더라도 개종했다면 유태인으로 인정받지 못한다는 것이다. 자신도 모르게 "뭐 그런 게 있어."라는 말이 나올 듯한 법률이 아닌가……?

여기에서 알 수 있는 것은 이스라엘 정부가 유태인을 유태인으로 인정하는 법적 근거는 유태교를 믿고 있느냐 않느냐 이지, 혈통이 문제가 아니라는 것이다. 어쨌든, 유태인이라는 말의 정의는 학문적으로나 정치적으로나 매우 애매한 상태에 있다.

"오늘날 여러 인종이 혼합되어 있기 때문에 백인 유태인이 많은 것은 당연하지 않은가?" 몇 번이나 들은 똑같은 설명…그런데 정말로 그럴까?

더욱 깊어지는 수수께끼

몇 번이고 이런 설명을 들어도 의문이 해결되기는커녕 나는 점점 혼란에 빠지게 되었다. 성서를 보면 유태인은 다른 어떤 민족보다도 족보를 중시한다. 신약성서의 첫 번째 책인 "마태복음"도 족보로 시작한다. 족보에 흥미 없는 사람에게는 지루한 이름이 계속해서 나타난다. 이런 식으로……,

> "아브라함의 아들 다윗의 자손 예수그리스도의 계보라. 아브라함에게서 이삭이 태어나고, 이삭에게서 야곱이 태어나고, 야곱에게서 유다와 그 형제가 태어나고, 유다에게서 다말에 의해 베레스와 세라가 태어나고, 베레스에게서 헤스론이 태어나고, 헤스론에게서 람이 태어났다……."

이름을 열거하는 내용이 계속된다. 이것은 예수가 아브라함의 자손이 틀림없다는 것과 다윗왕의 혈통을 이어받아 왕위 계승권을 가진 사람이라는 사실을 증명하기 위한 것이다. 여기에서도 알 수 있듯이 유태인은 아브라함의 자손인지 아닌지를 매우 중요시하는 민족이다.

그러므로 2000년 이상 박해의 역사를 극복하고, 민족의 정체성을 보존해온 그들이 역사 속에서 그저 무의미하게 혼혈을 계속한 민족일 리가 없다. 그것은 기원전부터 박해의 역사를 극복해온 그들의 혈통의 역사와 기질과 신앙에 배치된다.

대개 그런 비작위적인 혼혈을 계속해 오면서 나라가 망한 2000년 후까지 여전히 정체성과 신앙을 보존하고 있다는 것은 아무리 해도 납득하기가 힘들다.

처음에 유태교란 셈족의 유태인이 형성시킨 독특한 민족종교였기 때문에 백인 유태인은 한 사람도 존재하지 않았다. 그런데도 현재 유태인을 자칭하는 사람들의 90%이상이 백인이라는 사실은 다만 혼혈을 계속해온 결과라고 설명하기에는 무리가 많다.

역사를 보면, 백인사회인 로마제국 시대에 국교가 된 기독교가 국가권력을 등에 업고 행한 일은 유태인의 기독교(카톨릭)로의 강제개종, 추방, 그리고 철저한 박해였다. 그런 역사 속에서 유태인이 백인과 혼혈을 계속해왔다면 기원후 70년부터 시작된 이산생활 가운데 그들의 종교는 벌써 백인의 종교로 흡수되어 사라져 버렸을 것이 틀림없다.

그러므로 역사적으로 볼 때 백인 기독교도가 존재하는 것은 이해할 수 있어도 유태인의 90%가 백인이라는 사실은 혼혈이라는 이유만으로 도저히 설명이 되지 않는 것이다.

**언제인지 유태인 아닌
유태인이 넘쳐나는
나라가 되었다** 이스라엘 정부가 채용하고 있는 '귀환법'을 처음 알았을 때 내 생각은 이런 율법으로 유태인이라고 자칭하는 많은 이민자를 계속 받아들인다면 이스라엘은 머지않아 '원조 유태인 아닌 유태인'이 많이 늘어나는 추세가 되어버릴 게 아닌가 하는 것이었다.

그런데 그것은 이미 일어나고 있다. 이스라엘은 아브라함의 자손의 나라가 아닌 나라가 되어 버린 것이다. 실은 현재 이스라엘이라는 유태인 국가는 혈통적으로는 유태인이 아닌 유태인이 대부분을 점하고 있는 나라가 되어 버린 것이다. 이것이 세계 역사상 최대의 터부이며, 이것을 살펴보는 것이 중동문제를 바르게 이해할 수 있는 열쇠라고 말해도 좋다.

본래 아브라함의 자손이라는 혈통을 무엇보다도 중시하고 있던 유태인이 아브라함의 혈통과는 관계가 없어도 법적으로 유태인이 되기 위해서는 현행 귀환법이 매우 중요하다고 말할 수 있다.

Bible Reality 3
두 종류의 유태인

**불가사의한
이스라엘의
이중구조**

이스라엘은 하나의 국가이면서도 내부사정은 이중구조를 지니고 있다고 말해도 좋다. 거기에는 유태인이라는 동일한 이름을 가지고 있으면서 전혀 다른 생활습관을 가지고 살고 있는 두 종류의 유태인이 존재하고 있는 것이다.

그들은 다른 명칭으로 부르고 있다. 아시케나지(Ashkenazic) 유태인과 세파디(Sephardic) 유태인이다.

아시케나지라는 말은 히브리어로는 독일을 뜻하는 말인 것처럼 중세로부터 유럽에 이주해온 유태이민으로 1948년 이스라엘공화국 건국 후 대량으로 이스라엘로 이주해온 사람들을 가리킨다. 즉 백인계 유태인의 총칭인 것이다.

한편 세파디란 원래 스페인을 의미하는 말이다. 이것은 중세 유럽시대의 많은 유태인들이 지중해 연안, 특히 스페인에 살고 있었던 것에서 유래하고 있다. 중동이나 북 아프리카(모로코, 튀니지나, 알제리)와 아랍 여러 나라에서 온 이주민을 세파디라고 부른다. 즉 셈계의 사람들이다.

그들은 같은 유태인이지만, 사실은 생활습관과 생활수준이 매우 다르다. 이스라엘 3대 도시 가운데 하나인 텔아비브의 고급주택지에 사는 부유층, 즉 엘리트들의 대부분은 아시케나지이며, 한편 그와 대조적으로 저소득층을 형성하고 있는 것이 세파디이다. 실업률도 아시케나지와 비교하면 세파디가 훨씬 높다.

정치가, 의사, 기자 등 지식인의 대부분이 아시케나지이며, 건국 후 세파디가 수상이 된 적은 아직 없다. 건국 당시 1961년 아시케나지와 세파디의 결혼율은 겨우 12%정도로 세파디와 아시케나지가 융합하는 일은 매우 드물다.

일반적으로 세파디 남편과 아시케나지 부인의 경우에, 만일 그 부부의 딸에게 보이프렌드가 생겼다면 세파디 아버지는 품행이 방정하지 못한 일이라고 생각하지만, 아시케나지 어머니는 당연하다고 느낀다고 한다. 그들은 같은 유태인이면서도 동과 서와 같이 다른 문화권에서 생활하고 있는 전혀 다른 사람들인 것이다.

아시케나지와 세파디는 사회적 계급이라는 의미에서도 대조적인 존재인 동시에 송교적으로도 두 개의 다른 세력을 형성하고 있다. 물론, 양쪽 모두 유태교임에는 틀림이 없으나, 그들이 다니는 시나고그(유태교 회당)도 둘로 나뉘어져 있고 칩 랍비(유태교 교사)들도 또한 따로 존재하고 있다.

아시케나지에는 유태교의 계명을 엄숙하게 지키는 일을 중요시하지 않는 개혁파 유태인 교도가 많다. 그들 중에는 토라라고 불리는 모세의 율법을 믿지 않는 사람들도 많이 있다.

반면에 세파디는 정통파, 혹은 근본적 정통파라고 부르는 엄격한 율법주의적 관습 속에서 사는 사람들이 많다.

이스라엘 가운데에는 다른 두 개의 세계가 존재하고 있고, 이 두 개의 그룹은 상호 대립관계에 있는 것이다. 이스라엘 2대 정당 가운데 노동당은 아시케나지 유태인을 중심으로 하는 정당이지만, 리쿠드는 세파디 유태인을 지지모체로 하는 '반엘리트 정당'으로 존재해왔던 것이다.

아시케나지는 정말로 하자르인인가?

몇 년 전 이스라엘 국내에서 아시케나지와 세파디의 대립이 격화되었을 때 밤중에 '아시케나지는 하자르로 돌아가라!' 라는 비난 포스터가 여기저기 붙여진 사건이 일어났다. 이것도 이스라엘의 이중구조를 나타내는 사건이다.

그러면 세파디가 주장하고 있는 아시케나지의 고향나라는 도대체 어디를 말하는 것일까? 8세기 이전의 세계에는 아주 적은 혼혈을 제외하고는 백인 유태인은 거의 존재하지 않았다. 그런데 어떻게 된 것인지 9세기경을 경계로 해서 역사의 무대에 돌연히 수많은 백인 유태인이 등장하게 된 것이다. 도대체 무슨 일이 일어난 것일까?

이것이야말로 수수께끼이며 백인 유태인의 뿌리에 관한 세계사 최대의 금기사항인 것이다. 1977년 자신도 아시케나지 유태인이었던 유명한 작가 아서 캐스트러가 쓴 한 권의 책이 세상에 충격을 주었다. 그는 백인계 유태인의 뿌리를 성실히 조사해서 이것을 한 권의 책으로 출판했다. 그것이 《제13지파》라는 책이다.

그는 아시케나지 유태인의 역사를 가리켜 "역사가 범한 가혹한 조크이다."라고 말했다고 한다. 이 책은 세계사의 상식을 근본에서 뒤집는 충격적인 책으로 번역출판을 금지한 나라도 나왔다. 1983년 캐스트러는 수수께끼의 자살을 하는데 당시 신문기사에는 이 책《제13지파》는 저작 목록에서 생략하고 있다.

현재는 많은 연구가 이루어져 당시의 서한이나 기록에 근거한 학술연구가 대부분 사실로 판명되었다. 세계 유태인의 90%를 점하는 아시케나지는 실로 아브라함과는 아무런 관계가 없는 터키계 백인(코카소이드)인 하잘인을 뿌리로 하는 사람들인 것이다.

하자르한국(汗國)이란 어떤 나라인가?

7세기경 코카사스에서 카스피해 북쪽 중앙아시아에 인구 약 100만 명 규모의 하자르한국이라는 나라가 존재했다. 그들은 터키계 백인이었으나 주변 여러 나라와 같은 종교를 갖고 있지 않았다.

그런데 기녹교를 국교로 하는 동로마제국과 이슬람교를 국교로 하는 사라센제국은 하자르한국을 가운데 두고 정치적인 대립을 하고 있었다. 국가적 종교를 가지고 있지 않았던 하자르한국이었으나

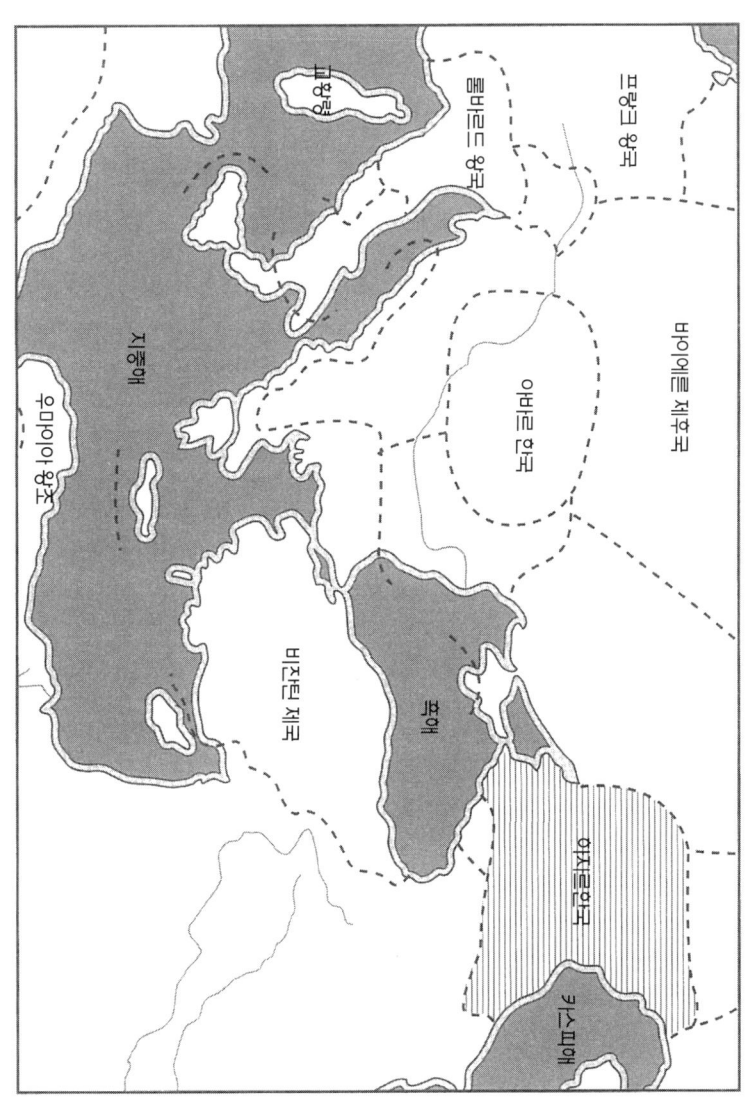

9세기경의 유럽과 오리엔트 여러나라

점점 양국의 정치적, 종교적 간섭을 받게 되고 어느 쪽의 종교로 개종해도 국가 전체가 전화에 휘말리는 것은 불을 보듯 뻔한 상태에 놓이고 말았다.

이러한 국가적 위기에 직면하자 하자르왕 칸 부란은 양쪽 종교의 뿌리인 유태교로 개종하고 그의 지도 아래 국가전체를 유태교 국가로 만들고 말았던 것이다. 이것은 국가의 생존을 건 정치적 전략이었다. 유태교로 개종하면 양국의 침략을 피할 수 있다고 생각한 것이다. 그들은 개종했을 뿐만이 아니라 자기들을 아브라함의 자손이라고 부르게 되었다. 그것은 국왕의 정책의 일환이었을지도 모른다. 그리고 8세기에서 9세기 사이에 일어난 국가 전체의 유태인화 정책의 결과 역사에서 그 예를 찾아볼 수 없는 셈계민족이 아닌 유태교 국가 탄생이라는 사태에 이르게 된 것이다.

그 후 하자르한국은 새롭게 대두된 몽고제국의 공격으로 12세기경 멸망해 버렸다. 이때 하자르에서 발생한 대량의 난민이 서쪽으로 이동하여 동유럽지역에 정착하게 되었다. 이 개종유태교도인 하자르난민이 나중에 바로 아시케나지 유태인이라고 부르게 된 사람들이다.

여기에 비해서 세파디 유태인이야말로 아브라함의 혈통을 이어온 셈계혈통의 유태인인 것이다.

**나는
반유태주의가
아니다**

그런데 백인계 유태인이 하자르인을 뿌리로 갖는 개종유태교 민족이라고 주장하면 일반적으로 친 이스라엘 사람들은 신경질

적이 되어 "그것은 잘못이다. 너는 반유태주의자이다."라고 비난한다. 이러한 반응은 기독교 관계자 중에서도 많이 나타난다.

나는 일찍부터 어떤 기독교 관계자가 전에 백인 유태인=하자르인이라고 하는 설을 일본에서 주장한 작가를 저주하며 '악마의 자식'이라고 비난하는 것을 들은 적도 있다. 그런 사람들은 나도 틀림없이 '반유태주의자이며 악마의 자식'이라고 말할 것이다. 나는 민족주의자는 아니지만, 그래도 어렸을 때부터 유태인에 대한 동경도 있었고, 실제로 심정적으로는 '친 유태주의자'인 것이다.

이러한 반응은 유태인의 90%를 점하는 사람들이 아브라함의 자손이 아니라고 한다면 그들은 하나님의 선민이 아니지 않은가라는 충격에서 오는 혼란이 이런 반응을 나타내게 된 것이리라. 즉, 하나님에 대한 모독이라고 느끼기 때문임에 틀림없다.

종교적으로 편협하게 되면 사람은 자기의 신조에 반하는 것은 모두 객관적 사실과 관계없이 신조를 따르는 경향이 강하다. 그러나 이 문제는 결코 그러한 태도로 논의할 성질의 것이 아니다. 왜냐하면 이것은 유태사회의 상식이기 때문이다.

이것에 관해서 이스라엘의 텔아비브 대학에서 유태역사를 가르치고 있는 아브라함 폴리악 교수는 이렇게 말하고 있다.

"… 이런 사실로부터 하자르인과 유태인 공동체 사이에 있었던 문제 및 하자르계 유태인이 얼마나 동유럽의 유태인 거주지의 중심이 되었느냐 하는 의문에 대해서 새롭게 연구할 필요가 있다. 이 정주지의 자손 – 그 땅에 체재한 사람, 혹은 미국이나 다른 곳에 이주한 사람, 이스라엘에 간 사람이 현재의 세계에서 '유태인'이라고 일컬어지고 있는 사람들의 대부분이라고 전하고 있는 것이다……."

유태계 미국인저널리스트 알프레드 M 리리안솔도 또한 그의 저서《유태 커넥션》속에서 이것에 대해 다음과 같이 명확하게 증언하고 있다.

"콜롬비아 대학의 단랍 교수, 영국의 바이리 교수 등이 '현대의 유태인은 성서의 백성이 아니라고 하는 가장 잔혹한 역사의 조크'를 연구하여 과거 반세기에 걸친 학설의 정당성을 인정받게 한 것이다."

또 1992년에는 아사히신문 석간이 '유태제국의 하자르제국, 환상의 도시?' 라는 제목의 기사를 대대적으로 보도해서 세상을 깜짝 놀라게 했다.

이것은 일본인 보도카메라맨 히로가와(廣河隆一)씨와 러시아의 공동 프로젝트로 이루어졌던 것인데 그들은 자료에서 하자르한국의 수도 이틸의 위치를 조사하여 그곳을 찾아낸 것이다. 후에 이 세기적 발견은 주간지와 TV에서 보도되어 큰 반향을 일으켰다.

그 때까지는 숨겨졌던 백인계 유태인의 뿌리가 지금은 고고학적으로 확실한 것으로 인식되기에 이르렀다. 인터넷상에서도 유태인 자신에 의한 하자르제국의 소개 사이트마저 나타나게 되었다.

백인계 유태인이 셈계가 아니라는 인종적 사실을 해명하는 것이 반유태주의는 결코 아니다. 그것은 아마도 백인계 유태인을 가리켜 '거짓 유태인' 이라는 낙인을 찍으려는 음모자들에 대한 알레르기에서 나온 것이라고 나는 생각한다.

그들은 거짓 유태인이 아니다

백인유태인을 가리켜 '거짓 유태인' 이라고 비난하는 것은 옳지 않다. 왜냐하면 유태공동체에서는 구약성서시대부터 언제나 개종한 외국인도 '할례'를 받으면 유태인으로서 인정받았기 때문이다. 구약성서의 '출애굽기'에는 이런 말씀이 있다.

> "너희와 함께 거하는 타국인이 여호와의 유월절을 지키고자 하거든 그 모든 남자는 할례를 받은 후에야 가까이 하여 지킬지니, 곧 그는 본토인과 같이 될 것이나 할례 받지 못한 자는 먹지 못할 것이니라." (출애굽기 12:28)

이것은 하나님의 백성 이스라엘 가운데서 생활을 함께 하고 있던 이방인이 야훼(하나님)를 예배할 때의 규정에 관한 가르침이지만, 외국인도 같은 규정에 따라 하나님 앞에 나오는 것이 의무가 되어 있다. 이것에 의하여 이방인도 이스라엘 유태인과 사실상 동일시되었던 것이다. 즉, 그들은 신앙에 의해 유태인이 된 것이다.

그렇다고 해서 비 셈족의 사람이 돌연 셈족으로 변신하는 것을 의미하는 것은 아니다. 이것은 하나님 앞에서의 신앙적인 입장에 대한 것이다. 나는 여러 차례 말했듯이 거리에 떠돌아다니는 음모설을 믿지 않는다. 나는 다만 내 자신이 오랫동안 품어왔던 비 셈계 유태인의 존재에 대한 수수께끼를 설명할 수 있는 유일한 역사적 근거로서 9세기경 일어난 하자르한국의 유태인화 정책에 관하여 말하고 있는데 불과하다.

처음부터 반유태주의라는 말 자체가 옳지 않다. 영어로는 안티세미티즘(Anti-Semitism)이라고 말하는, 즉 반셈주의인데 오히려 셈족의 정체성을 가볍게 취급하는 편이 반유태주의라고 말할 수 있다.

그렇기 때문에 셈계가 아닌 인종을 셈계라고 우기는 일이 사실은 반유태주의가 되는 것이다.

나는 이미 이스라엘은 아브라함의 자손의 나라가 아니라고 말했다. 그것은 이런 뜻이다. 셈계이든 비셈계이든 신앙이라는 필터를 통과한 유태인이 유태인인 것이다. 그러나 많은 러시아계 이민 속에는 셈계가 아닐 뿐만 아니라 근본적으로 유태교를 믿지 않는 사람들도 많이 있었던 것이다.

이렇게 되면 고대로부터 전통이었던 유태인에 대한 정의에 반한다. 그래도 그들은 귀환법에 의해 유태인으로 인정되었지만, 신앙적으로 독실한 유태교 가정에서 태어나고 자랐다 하더라도 기독교도로 개종하면 유태인으로 인정받지 못한다.

기독교도도 아브라함의 신앙을 따르는 '신앙의 자손'이다. 열심히 구약성서를 공부한다. 그러나 아브라함의 자손으로 인정받지 못한다. 이것은 모순 이외의 아무 것도 아니지 않은가?

이스라엘 건국의 토대

나는 유태인이 성서의 백성이라는 것을 들었을 때 매우 흥분했는데, 이렇게 아시케나지 유태인이 '구약성서'에 등장하는 셈족 출신의 아브라함과는 혈연적으로 아무 관계가 없는 민족이라는 것이다. 이것은 나에게 큰 충격을 주었다.

이 사람들, 즉 유태인이라고 불려지기는 하지만, 실은 본래 히브리인과는 관계가 없는 이방인들이 '선민'으로서 경의의 대상이 되고, '아브라함의 자손'이라고 믿어져 왔던 것이다.

그리고 이 사람들이야말로 세계에서 압도적인 힘을 과시하는 국제금융그룹을 형성하고, 사회에 절대적인 영향력을 자랑하는 사람들이 되어 있는 것이다. 이것은 나치에 의해 홀로코스트로서 학살된 600만 명의 유태인은 실은 아브라함의 혈연적 자손이 아닌 개종 이방인이었다고 하는 놀랄 수밖에 없는 사실을 나에게 가르쳐 준 것이다.

나치에 의한 홀로코스트, 600만 명의 유태인학살… 이 사실이었기 때문에 유태인은 국제사회에서 유태인 국가의 재건을 승인 받았다고 해도 과언이 아니다. 즉 홀로코스트라는 너무도 비정한 역사야말로 유태국가 수립의 길을 열어 놓은 직접적인 원인이었던 것이다. 하지만, 이 대참살에 의해 흘려진 피가 아브라함의 자손의 피가 아니었다고 한다면 유태인 국가수립에 대한 역사적 토대가 근본적으로 흔들리게 된다.

이런 복잡한 사정을 살펴보면 왜 이스라엘공화국이 '유태인'이라는 말의 정의를 애매하게 방치하고, 혈통에 따른 유태인의 존재의의가 중요하게 여겨지지 않는지가 이해된다. 중동문제는 복잡한 유태인 국가 내의 이중구조라는 현실을 가지고 있는 것이다.

그러나 이러한 여러 가지 문제를 생각할 때 성서라는 필터가 없다면 유태인이 누구냐 라는 것마저도 이해할 수가 없는 것이다.

**유태와 아랍은
천년간
증오하고 있지 않았다**

'왜 유태인과 이슬람교도 아랍인들은 1,000년간이나 서로 증오하고 있을까?' 하고 생각하는 사람들이 많다. 그러나 이것은 완전히 거짓이다. 사람들이 그렇게 생각하고 있는 것뿐이다.

긴 역사 속에서 아랍인과 유태인이 오늘날과 같이 증오하고, 죽이고 하는 일은 없었다. 유태인도, 아랍인도 함께 아브라함의 자손이고, 셈계 민족이며, 유일하신 하나님이라는 셈계 민족의 독특한 신앙을 가지고 살고 있는 사람들이기 때문이다.

7세기에 들어와 이슬람이 대두하여 여러 나라를 파죽지세로 공격했을 때도 아랍인들은 유태인을 피보호민족에 위치시키고, 특별세금을 과세하는 대신에 그들의 종교와 독자적 생활양식을 보호해 주었던 것이다.

예루살렘이 오스만 터키 제국의 지배 하에 들어갔을 때에도 오스만 터키는 예루살렘에 있는 많은 역사적 건물을 파괴하기는커녕 보호하고 유태인은 오스만 제국 아래서 커뮤니티를 만들어 서로 공존하고 있었던 것이다. 오히려 그들을 철저하게 탄압했던 사람들은 서양의 백인 기독교도였던 것이다.

세파디들도 1492년까지 스페인에서 이슬람교도들과 평화롭게 공생하고 있었다. 이슬람을 추방하고 가톨릭 왕국이 된 스페인에서 기독교로 개종을 요구했지만, 그것을 거부했기 때문에 많은 유태인들이 추방당하여 북아프리카, 이탈리아, 오스만 제국으로 이주했던 것이다. 오스만 제국은 유태인들을 쾌히 받아들였기 때문에 오스만 터키에 데살로니가가 세파디 유태인 커뮤니티의 중심이 되었을 정도이다.

실은 20세기 초반까지 팔레스타인에서 현재와 같이 유혈항쟁은 일어나지 않았던 것이다. 유태인이 팔레스타인 사람들과 공존하고 있었기 때문이다. 그런데 제1차 세계대전 이후 팔레스타인은 증오의 도가니로 변하고 말았다.

시오니즘의 대두로 분쟁이 태동

이스라엘 국가를 재건시킨 원동력은 '시오니즘 운동'이다. 이것은 '유태인이 고향(시온)에 국가를 재건하려는 운동'으로서 이 운동의 아버지라고 부르는 사람은 데오도르 헤르츠이다.

그는 유태인의 비극의 근원이 '국가'를 가지고 있지 않은데 있다고 생각하고 유태국가수립이 급선무라고 호소하여 《유태인 국가》라는 책을 썼다. 그리고 1897년에 스위스 바젤에서 제1회 시오니스트 회의를 개최하고 세계 시오니스트기구를 설립했다.

이 시오니즘 운동의 배후에서 철저하게 지원하고 자금을 원조한 사람이 유태인 대부호 로스차일드 경이었다. 로스차일드 집안은 1743년 독일 프랑크푸르트에서 태어난 마이아 암쉘 로스차일드로부터 시작하는 세계최대의 대재벌이다.

이 시오니즘 운동은 두 대전을 거치면서 급속히 발전하게 되었다. 1914년에 시작된 제1차 세계대전에서 영국정부는 유태인에게 연합군을 지원하면 팔레스타인에 유태국가를 재건해 주기로 약속했다. 유명한 '발포어 선언'이다.

그러나 영국은 발포어 선언 이전에 아랍 쪽에도 아랍국가수립을 약속하고 있었다. '후세인·맥마흔' 선언이다. 이 영국의 이중외교가 정치적인 팔레스타인 문제의 근원이다. 유명한 아라비아의 로렌스는 이 약속에 기초해서 아랍국가수립을 위해서 싸운 인물이다.

그 후 나치 독일의 홀로코스트로 동정적 국제여론을 얻은 시오니즘 운동은 염원인 유태국가수립을 달성했다. 그러나 홀로코스트를 일으킨 히틀러에게 막대한 자금원조를 한 것도 다름 아닌 로스차일드였다고 한다.

시오니즘은 아시케나지의 민족주의인가?

처음부터 시오니즘이라는 운동은 동유럽의 유태인 사회에서 생겨났다. 1948년 건국이전 이스라엘에 이주한 유태인의 대부분이 유럽이주민이었고, 주로 러시아나 동유럽에 있던 아시케나지 유태인들이었다. 나치에 의한 홀로코스트가 일어났을 때 많은 유태인 난민이 팔레스타인으로 들어왔는데 그들이 아시케나지들이었던 것이다.

19세기까지는 완전히 아랍계의 세계였던 팔레스타인에 유럽계 난민이 대거 들어오게 되었다. 이것이 아랍사회에 혼란을 일으키지 않을 수 없었다. 그것은 그들이 유태인이라고 자칭하고 있었기 때문이다. 1948년 건국 후 이스라엘 공화국에 귀환해온 유태인도 대부분이 아시케나지들이었다. 재 건국된 이스라엘의 지도자는 거의 아시케나지에서 나온 것이다.

한편 건국 후에 아시케나지보다 늦게 북아프리카와 아랍 여러 나라로부터 세파디들이 귀환해 왔다. 그들은 성서의 예언이 성취되고 하나님이 이스라엘을 회복시켰다고 믿고 귀환해온 셈계의 유태인들이었다.

그런데 정말로 귀환해 보니 그들을 기다리고 있는 것은 그들에 대한 차별과 부당한 취급이었다. 그들은 하급민족이라는 낙인이 찍히고 매우 궁핍한 생활을 하지 않으면 안 되었다. 이스라엘 정치가들은 모두 그들에게 차별적 발언을 계속했다. 초대수상 벵그리온은 이렇게 말했다.

'모로코에서 이주해온 유태인은 아무런 교육도 받고 있지 않다. 그들의 습관은 아랍적이다. 내가 좋아하지 않는 모로코 문화가 여기에 있다. 우리들은 이스라엘 사람이 아랍적이 되는 것을 좋아하지 않는다. 우리는 개인과 사회를 파괴하는 지중해 정신과 싸우고 방랑생활 가운데서도 지켜온 본래의 유태적 가치를 유지하지 않으면 안 된다.'

도대체 무슨 말인가? 2000년 전의 디아스포라(이산유태인)로 거의 혼혈이 되지 않고, 아브라함의 혈통을 이어온 셈계 유태인, 즉 구약성서에 등장하는 유태인들을 비셈계 유태인이 경멸하고 있는 것이다. 그러나 이것만이 아니다. 5대 수상 골더 메이야도 이렇게 말해 세파디에 대한 경멸감을 나타내고 있다.

"우리는 모로코, 리비아, 이집트 그 외 아랍 여러 나라로부터 이주해 온 유태이민을 포함하고 있다. 우리는 이들 유태민족들을 적절한 문화수준까지 끌어올리지 않으면 안 된다."

네탄야후 정권에서는 과거 수상들의 이러한 모멸적인 발언을 정식으로 사죄했다. 그러나 그것은 다름 아닌 이스라엘 국내에 지금도 존재하고 있는 이중구조를 드러낸 것에 불과하다.

시오니즘은 비셈계민족 하자르인들의 민족주의 그 자체라고 생각해도 틀림이 없다. 알프레드 M 리리안슬은 앞서의 책 《유태의 커넥션》속에서 시오니즘의 실태를 고발하고 그 잘못을 다음과 같이 지적하고 있다. 앞서도 말했듯이 그도 유태인이다.

"유태적 유산은 확실하고 틀릴 수 없다. 그것은 변함없이 계속 이어지고 있다. 한편 시오니즘은 우월주의이며 인종차별주의인데 반하여 유태교=유태주의는 보편주의이며 인종통합주의이다. 유태교는 기독교나 이슬람교와 같이 일신교이며 언제나 도덕적 선택과 인간과 창조주 사이에 정신적 결합을 대면해 왔다. 여기에는 첩잡힌 매타주의가 들어살 여지가 전혀 없다. 그런데 시오니즘은 땅에 집착했는데 그것도 그 땅은 2000년 동안 유태인의 귀속이 아니었던 것이다. 유태교는 특정한 지역의 영유권과 관계없이 살아오면서 오늘날까지 연명해왔다. 유태인은 주님이신 하나님에게 선택받는데 그것은 특정한 땅을 소유하거나 자기 자녀들을 다른 사람들보다 더 대우하기 위해서가 아니었다. 그들이 선택된 것은 오직 유일하신 하나님만이 계시다는 메시지를 전파하기 위함이다."

그는 유태인 입장에서 시오니즘의 배타적 민족주의의 실태를 고발하고 있다. 그의 관점은 어디에 위치하고 있는 것일까? 이 관점이 곧 '아브라함의 계약' 이라고 이해할 수 있는 사람은 성서의 교사가 될 수 있다. 아브라함 계약이 이스라엘 문제를 해결하는 열쇠라고 말한 것을 상기해 보자.

아브라함의 계약이란 무엇이었는가?

"여호와께서 아브람에게 이르시되 너는 너의 본토 친척 아비집을 떠나 내가 네게 지시할 땅으로 가라. 내가 너로 큰 민족을 이루고 네게 복을 주어 네 이름을 창대케 하리니 너는 복의 근원이 될 지라. 너를 축복하는 자에게는 내가 복을 내리고 너를 저주하는 자에게는 내가 저주하리니 땅의 모든 족속이 너를 인하여 복을 얻을 것이니라 하신지라."(창세기 12:1-3).

기억할 수 있으리라. 제1장에서 말한 것처럼 이 계약은 세 부분으로 되어 있다. 그것은 '약속'과 '사명'과 '목적'이다. 고대 메소포타미아 종교에서는 자식을 항아리에 넣어서 산 채로 신에게 봉납하여 땅에 묻기도 하고, 불로 태우기도 하고, 혹은 수간(獸姦)을 강요하기도 하는 비인도적인 인습이 널리 행해지고 있었다.

이 계약은 그러한 이교 문화 속에서 살고 있던 아브라함에게 하나님이 준 약속이며, 아브라함에서 시작하는 유태민족에게 주어진 사명이며, 이 사명이 주어진 목적이다.

첫째로 여기에 있는 약속은 그들이 유일하신 하나님을 믿고 우수한 윤리성을 갖춘 하나님의 율법을 실천하며 살아갈 때 그들은 '큰 민족을 이룬다.'는 약속이다. 그리고 그 결과 이스라엘은 '하나님한테 축복 받은 민족'이 되고 '축복'이라는 이름으로 불리는 '사명'을 갖게 된다는 것이다.

유태인은 선민이기 때문에 우수한 것이다……. 이것은 정말로 이 '사명'이 실현된 결과라고 말할 수 있다.

백인계 유태인은 셈족이 아니지만, 신앙에 의한 유태인으로서 유태민족이 계승한 축복을 받았다고 말할 수 있다.

그러면 이 계약의 목적은 무엇인가? 그것은 '땅의 모든 족속이 너로 인하여 축복을 얻을 것이니라.'고 말한 것처럼 축복 받은 유태인들의 라이프스타일을 보는 것으로 이교의 인습에 젖어 있던 사람들이 유일신을 알게 되고 그 축복이 모든 민족에게 미치게 된다는 것이다.

즉, 유태민족이 하나님에게 선택된 것은 그들이 타민족 보다 더 '우수했기' 때문도, 그들이 '우월 민족'으로써 군림하기 위해서도 아니고, 모든 민족에 대한 '축복의 근원'이 된다는 '목적'을 위해서인 것이다. 이것을 이해하는 것은 매우 중요하다.

"너희가 내게 대하여 제사장 나라가 되며 거룩한 백성이 되리라. 너는 이 말을 이스라엘 자손에게 고할 지니라."(출애굽기 19:6)

이것은 유태인 영웅 모세에게 하나님께서 하신 말씀이다. 여기에는 '제사장 나라'라고 나와 있다. 제사장이란 하나님과 인간의 중개자라는 의미이다. 하나님의 뜻은 유태인이 '하나님과 인간의 중개자'가 되는 것이었다.

분명히 모세가 제정한 율법은 노예제도나 인신매매가 당연하게 이루어졌던 시대에서 노예에게 인권을 인정하고, 노예를 해방하는 규정을 정하고, 우수한 윤리기준을 고대사회에 제시했다.

또한 유태인이야말로 성서가 말한 백성이며, 인쇄기술 등이 존재하지 않았던 고대에 성서 전권을 정확하게 복사하는 참으로 어려운 작업을 무엇보다도 신성한 일로 알고 계속해옴으로써 세계는 성서라고 하는 유산을 계승해온 것이다. 분명히 유태인은 이렇게 중요한 역할을 가지고 존재해왔던 백성이다.

그러나 역사 속에서 유태인들은 아브라함 계약의 의미를 잊어버리고, 이방인을 멸시하고, 자기들만이 우월한 민족이라고 하며, 더구나 우상숭배에 빠져서 예언자들의 규탄의 대상이 되었다.

리리안슬은 시오니즘이야말로 왜곡된 선민의식에 기초한 잘못된 민족주의이며 과거에 유태교도와 똑같은 잘못을 반복하는 것이라고 지적하고 있다. 과거 예수를 적대한 유태교도들이 그랬던 것처럼….

이슬람의 적은 성서의 백성이 아니다

본래 같은 셈족계로서 셈 민족의 독특한 유일신 신앙을 가지고 있던 아브라함의 자손이 서로 살육전쟁을 할 필연성은 없는 것이다. 같은 아브라함의 자손에서 갈라진 민족이기 때문이다. 이슬람 과격파들은 시오니스트와 싸움을 해왔던 것이다.

그들의 인터뷰를 주의하여 들어보면 그들의 입에서 시오니스트라는 단어가 나온다. 그들은 시오니스트를 제국주의의 심부름꾼이라고 부르고, 동포인 셈계 민족을 학살한 범죄자라고 규탄한다.

그들이 이스라엘을 이렇게 심하게 증오하는 이유는 여기에 있다. 나는 텔아비브와 같은 이스라엘의 근대적 도시에 간 적이 있는데 거기에는 고대 이스라엘의 형체는 없고 백인이 세운 백인의 거리가 있다. 그곳은 정말로 유럽이라 말해도 좋을 정도였다.

고래로 셈 민족의 땅인 팔레스타인이 비 셈족에 의해 침략 당하고, 그 문화가 완전히 부정되고, 셈 민족이 열등민족이라고 낙인찍히게 된 것이다. 그리고 비 셈계의 사람들이 옛날부터 믿어 온 유일한 하나님을 가지고, 여기는 우리들의 선조의 땅이라고 주장하고, 셈계의 팔레스타인 사람들을 무력으로 쫓아내 버렸다고 하는 사실이야말로 문제가 되는 것이다.

이슬람의 적은 아브라함의 자손인 동포들이 아니다. 급진적 민족주의자인 시오니스트들인 것이다. 1993년 라빈 이스라엘 전 수상을 암살한 이갈 아밀은 실은 예멘 출신의 순수한 세파디 유태인이었다. 세파디의 열광적 유태교도가 아시케나지 수상을 암살한 것이다. 이것이 뉴스가 되지 않는 이스라엘 문제의 중대한 일면이다.

이스라엘은 예언의 성취가 아닌가?

시오니즘문제를 논할 때 독실한 기독교도들 사이에 일어나는 반발을 나는 이해한다. 비 셈계의 유태인이 나라를 만들었다면 그것은 이스라엘이 회복된다는 하나님의 예언이 실현된 것이 아니라고 할 수 있지 않을까라는 일말의 불안이다. 자기가 의지해 왔던 성서의 토대가 흔들리는 것 같은 기분이 들기 때문이다.

그러나 이스라엘 공화국이 비 셈계의 유태인에 의해서 건국되었다고 해서 성서 예언의 확실성이 무효가 된 것은 아니다. 분명히 고대 이스라엘 땅에 이스라엘이 존재하고 있고, 셈계의 유태인, 적통의 아브라함 자손들이 비 셈계보다 많은, 전 국민의 약 반수를 차지하고 있는 것이다. 이것은 틀림없이 성서가 말하는 이스라엘이 존재한다는 사실의 증명이다.

시오니스트들이 팔레스타인의 토지를 사들여 유태인 국가를 만들려고 궐기하기 시작했을 때 당시 이미 팔레스타인에 거주하고 있던 초정통파 유태인교도들은 시오니스트 운동에 반대했다.

그들은 유태국가재건은 완전히 하나님의 손으로 하나님의 방법에 따라 이루어져야 하는 것이라고 믿어 의심치 않았기 때문이다. 그들은 성서를 믿는 신앙에 따라 정치적인 시오니즘에 반대했던 것이다. 그러나 결과적으로 시오니스트들은 이스라엘 공화국의 독립을 쟁취한 것이다.

　이것은 정말로 '하나님에 의한 약속의 실현'이라는 신앙에 선 사람들과 인간적인 생각으로 결과를 도출하려는 사람들의 대립구도이며, 인간적인 생각이 승리했다고 하는 전형적 성서가 말하는 전형적인 실패의 반복인 것이다.

　성서는 하나님의 약속이라는 '신앙으로 얻어져야 하는 숭고한 비전'을 인간적인 힘으로 달성하려 했던 잘못까지도 숨기지 않고 기록하고 있는 실패의 증거이기도 한 것이다.

**약속을
힘으로 쟁취하려는
신앙 가족**

　그 전형적인 실례를 하나 소개하고자 한다. 구약성서의 창세기 27장에 기록되어 있는 사건이다.

　아브라함의 손자 가운데 야곱이라는 인물이 있다. 야곱은 쌍둥이의 동생으로 태어났는데, 실은 그가 태어나기 전부터 하나님은 어머니 리브가에게 "큰 자는 어린 자를 섬기리라."고 하는 동생의 우위성을 예언하고 있다. 즉, 당시의 관습에 반하여 동생인 야곱이 장남의 위치를 계승한다는 예언이다. 예언과 같이 야곱이 아브라함의 혈통을 정식으로 이어받아 그에게서 이스라엘 12지파가 파생되었다.

　이것은 야곱의 출생 전부터 이미 약속되어 있었던 것이었다. 그런데 어머니 리브가와 야곱은 형이 호주의 지위를 계승하지 않도록 계략을 꾸며 노쇠하여 시력을 잃어가고 있던 아버지 이삭을 속이고 힘을 다해서 호주 계승권을 차지하고 말았던 것이다.

그런데 사실은 그런 짓을 하지 않았어도 하나님의 약속으로 그렇게 되었을 것이다. 하지만, 야곱은 신앙을 가지고 약속이 실현되기를 기다리기보다는 인간적인 생각으로 정말 추한 방법으로 일을 저질은 것이다.

그런데 주의해야 할 것은 결과적으로 예언은 성취되었다는 사실이다. 그 방법은 분명히 하나님이 원하는 방법이 아니었을 것이다. 그러나 결과적으로 일어난 사실은 예언을 성취한 것이었다.

성서적 관점에서 봤을 때 믿음의 인간이라고 일컬어지는 사람들이 자신의 계략으로 하나님의 계획을 쟁취하려고 했던 실패한 역사의 연속이 현대에서도 반복되고 있다.

시오니스트 운동도 성서에 나오는 인간 실패의 기록과 꼭 같은 패턴의 반복인 것이다. 하나님이 시오니즘의 대두와 '발포어 선언' 등을 원한 것이 아니다. 역사가 성서의 예언을 흉내 내고 있는 현실이, 이렇게 피로 얼룩진 역사를 창출한 원인이 하나님이라는 뜻은 아니다.

하나님이라는 존재는 시간의 흐름을 거꾸로 볼 수 있는 유일한 주체이기 때문에 결과로서 일어날 현실을 미리 예고할 수 있다는 것이다.

세계 대공황은 시작되었는가?

한 정보통이 '미국 동시다발 테러사건에서 잃어버린 것은 많은 인명뿐만이 아니다. 상거래에 필요한 대량의 데이터이다.'라고 지적했다. 안전시스템 전문가들도 전자상거래에 관한 중요한 데이터의 일부, 혹은 많은 양을 잃어버릴 가능성이 있다고 지적하고 있다.

분명히 세계무역센터의 입주회사들 가운데 적어도 60사가, 리만 브라더스와 모건 스탠리, 타이페이은행 등을 포함해서 은행과 투자회사 등 금융기관이었던 사실을 우리는 알고 있다.

금융업계의 기업에서는 거래의 청산과 보관을 위해서 전자기술을 이용하고 있다. 종이 없는 환경은 상상할 수 없을 정도로 진전되고 있다. 그런데 이들 컴퓨터정보를 계속하여 스토리지(창고파일)에 복제하는 기술을 구사한 백업시스템을 잘 갖추지 못했던 기업이 놀랄 정도로 많았다고 한다.

다우존스는 2001년 9월 12일자로 "얼마나 많은 사람들이 (재해로부터 회복책을) 조치를 하여야 했음에도 하지 않은 것을 알면 분명 놀랄 것이다."라고 한 로스앤젤스의 업타임 인테그레이티드 시스템(Uptime Integrated System)에서 시니어 엔지니어로 일하는 조지 톰프슨 씨의 말을 전하고 있다.

알다시피 증권거래는 컴퓨터 화면을 상대로 하는 일이다. 이것은 모두 막대한 양의 집적된 데이터의 교류이다. 이들 데이터가 사라져 버렸다고 한다면 이미 금융대공황은 시작된다. 그렇게 지적하는 전문 소식통도 있다.

그러면 정말로 어느 정도의 데이터가 손실되었을까? 하지만, 우리에게는 그것이 알려지지 않았다. 이것이야말로 문제이다. 재개된 뉴욕 시장이지만 화면상의 데이터가 정말로 진실인지에 대해 알 길이 우리에게는 없다.

"데이터가 조작될 가능성이 있다."고 앞서 말한 N씨도 이렇게 인정하고 있다. 그러나 조작될 가능성이 있는 화면상의 숫자를 믿고 국가예산을 훨씬 넘는 금액의 거래가 이루어지고 있다. 금융경제란 실체가 없는 진실한 세계가 아닌가? 그런 금융경제가 세계를 견인하고 있다는 사실은 놀라운 일이다.

우리가 본 것은 아주 조금 뿐이다. 주어진 정보가 전부가 아닐 것이다. 한 사람 한 사람이 각각 정보를 음미할 능력이 의문시되고 있다. 정보사회에서 없어서는 안될 요소는 정보원(情報源)이다. 나는 성서가 내일을 해석해 주는 정보원으로서 유익한 자료라고 전하고 싶다.

미국대통령 조지 부시는 무엇을 알고 있었는가?

부시 정권이 탄생한 이래 미국은 확실하게 국익을 우선하는 태도로 기울어졌다. 클린턴 정권이 추진한 중동 평화프로세스에서도 한 발짝 물러서고 있고, 분명히 이스라엘 편을 드는 자세를 보이고 있다. 지구 온난화대책을 위한 '교토의정서'에서도 탈퇴하고, 작년 9월 남아프리카의 터번에서 개최된 세계인권차별철폐회의에서도 팔레스타인 문제를 다루는 시간 도중에 나가 버렸다. 또한 러시아와 중국의 강한 반대를 무릅쓰고 미사일 방어 구축을 추진해왔다.

미국은 분명히 유엔을 중심으로 하는 세계 통일주의적 흐름을 거스르고 있다. 분명한 반 글로벌리제이션 노선을 취한 것이다.

부시대통령은 기독교도라고 알려져 있다. 집무실 책상 위에는 언제나 성서가 놓여져 있다고도 한다. 그렇다면 부시는 성서적 시각에서 본 가까운 미래의 정세에 대해서 많은 지식을 가지고 있을 법도 하다. 그것은 적그리스도라고 부르는 인물의 도래에 관하여 알고 있다는 것을 의미한다.

글로벌리제이션 세력은 유엔이나 비정부조직을 통하여 천천히 그것을 실현하고 있다. 부시는 분명히 그 흐름을 잠시 느리게 한 미국대통령이었다고 말할 수 있지 않을까? 그것은 다가올 '짐승'의 도래를 막고 싶다는 간절한 바람의 분명한 의사표시가 아닌가…? 그러나 그런 미국이 결국 두들겨 맞게 된 것이다.

또한 시오니스트는 뉴욕에서 많은 자금 원조를 받고 있다. 그 때문에 뉴욕은 반 시오니스트들에게는 악의 상징이기도 했던 것이다. 뉴욕이 두들겨 맞으면 시오니스트들의 자금원이 큰 타격을 받는 것이 된다. 뉴욕함락은 이스라엘 과격파와 글로벌 엘리트의 이익이 완전히 일치한다.

매스컴이나 거리에 즐비한 서적은 이슬람 대 미국이라는 단순한 구도로 사람들의 눈을 고정시켜서 참 적으로부터 눈을 돌리게 하는 일에 공헌하고 있다. 미디어는 사람들의 사고에 매우 큰 영향을 준다. 그러나 우리는 보이지 않는 데로 눈을 돌려야 한다.

**일본인이여,
원리원칙을
알자**

앞서의 금융프로와의 대화가 지금도 귀에 메아리진다. 나는 그들에게 이렇게 물어 보았다.

"글로벌 사회에서 일본이 살아남기 위해서 해야 할 일은 무엇입니까?"

N씨는 이렇게 대답했다.

"그것은 진실을 아는 일입니다. 일본인은 사물의 원리원칙을 배우지 않고, 표면만을 보고 있습니다. 금융의 세계에서 말하는 자본의 흐름이 어디에서 이루어지느냐 하는 근본적인 것, 즉 원리를 아는 일입니다."

신약성서의 요한복음은 이렇게 시작하고 있다.

> "태초에 말씀이 계시니라 이 말씀이 하나님과 함께 계셨으니 이 말씀은 곧 하나님이시니라."(요한복음 1:1)

이 말씀이란 그리스어의 로고스(logos)로서 '원리'라는 뜻이다. 성서는 아주 먼 옛날에 선언한다. 일의 시작에는 로고스, 즉 '원리'가 있는 것이라고. 물리학의 전제도 '시작에 원리가 있다'라는 것은 이미 말했다. 이것은 우리 존재의 뿌리에 관한 커다란 질문인 것이다. 그런데 일본에서는 이 토대를 배울 수 없다.

나는 학력위주 교육에 대한 의문 때문에 10대 때 프리스쿨 운동을 전개했다. "왜 점수평가라는 한 가지 기준으로 그 사람의 인격이 판단되어야 하는가?"라는 당연한 의문을 사회에 던졌던 것이다. 일본교육에서는 다른 사람과 다른 것은 좋지 않다고 한다. 평균에서 나란히 모두 같이 가야 좋은 것이다.

그것이 정말로 '진실을 가르쳐 주지 않는' 일본교육의 가장 큰 문제이다. 각각의 개성이 '다르다'는 당연한 '사실'이 대전제로써 존중 받지 못한다. 바로 가르쳐주지 않는 곳에서 인간존재의 원점인 심각한 자존심 저하와 생명경시의 경향이 나타난다.

하루에 1만 명의 생명이 중절수술로 사라져 가고 있다. 세계 최악의 중절대국이라는 현실은 "생명은 누구의 것인가?"라는 근본적 원리가 이해되지 않고 있다는 분명한 증거이다.

인간이 어머니의 태내에서 수정란이 된 순간에, 손톱 하나 만들어지지 않았을 때부터 이미 하나의 세포 속에 유전정보인 인간 게놈이 씌어져 있다. 그것은 문자로 치면 신문 50년분의 정보에 필적하는 데이터이다. 이것이 우연히 씌어진 것이 아니라는 것은 누구나 알고 있다. 우연의 세계에서는 법칙이나 원칙은 존재하지 않는다. 그러나 인간 게놈이 잘 배열되어 있는 현실은 그것을 가능하게 한 법칙이 거기에 존재하고 있다는 사실을 말하고 있다. 사람들은 이 데이터에 기초하여 성장한다. 그러므로 수정란이 된 순간에 인간은 존재하게 되는 것이다.

생명의 존엄, 누가 생명을 부여했느냐 하는 대전제가 빠졌고, 그때 그때의 편의주의와 쾌락주의가 현대인의 정신을 잠식하고 있다. 이 정신구조가 유아학대와 관련이 있다는 것은 말할 것도 없을 것이다.

**존재,
그 자체가
기적**

성서는 "태초에 하나님이 하늘과 땅을 창조했다."고 선언한다. 이 말씀은 세상이 질서를 가지고 창조되고 인간은 창조자의 지고한 의사에 의해 디자인된 존재라고 하는 선언임에 틀림없다.

당신은 우연한 산물이 아니라는 것이다. 존재 그 자체가 만유의 기적인 것이다. 누구도 같지 않은 작품인 것이다. 이 대전제를 아는 것이 종교적인 것은 아니다. 건전한 자존심이라는 인격형성에 매우 중요한 토대를 세우기 위한 초석인 것이다.

세계는 원리를 아는 사람들 때문에 움직여지고 있다. 우연히 존재하는 것이 아니라고 믿는 사람들에 의해서…….

글로벌 스탠더드란 세계 표준에 맞추는 것이다. 일본은 반강제적으로 구조적인 글로벌리제이션을 하지 않으면 안 되었다. 그러나 일본인의 정신은 아직도 쇄국상태에 있지 않은가? 지금이라도 원리원칙을 알자. 그것만이 세계에 도전하기 위한 최대의 열쇠이다.

**바이블
리얼리티**

상상력이 풍부한 인간이 새로운 기술을 만들어내고 새로운 세계를 구축해냈다. "이런 것이 만들어지면 좋겠다." "이런 것도 해보고 싶다." 인간은 언제나 꿈에 대한 동경심을 가지고 있다.

어렸을 때 꿈에서 본 공상의 세계를 실현시키는 일에 정열을 다 쏟은 사람들 때문에 가상현실＝ 버츄얼 리얼리티(virtual reality)라고 말하는 세계가 출현하기에 이르렀다.

지금 일어나고 있는 모든 일이 가상현실이라면 얼마나 기분이 좋을까? 통증을 느끼는 것도 피를 흘리는 것도 없다. 브라운관을 통해서 보는 전쟁모습은 우리에게는 비현실적으로 비친다. 그러나 실제로는 인간이 죽고 있는 것이다.

이슬람교도는 알라의 이름으로 테러를 반복한다. 기독교도는

GOD(하나님)의 이름으로 폭탄을 떨어뜨린다. 그리고 유태교도는 야훼의 이름으로 팔레스타인 사람들을 학살한다.

그것을 본 무신론자는 "그러니 하나님은 없는 거야." 라고 호언하고 종교가들은 자신들이야말로 옳다고 주장한다.

그러나 결국 모두 자신의 이익을 대변하는 자들일 뿐이다. 그것이 현실이다. 거기에 존재하는 것은 자신의 이익이 우선되어야 한다고 열심히 주장하는 인간의 에고가 불식되지 않는 현실만 있을 뿐이다.

인간은 악한 존재이기에 하나님을 비난한다. "하나님이 없으니까 이런 일이 생긴다."고. 그러나 성서는 태고적부터 선언하고 있다. 인간이 하나님의 법을 지키지 않기 때문에 악이 나타난다고. 분명히 성서는 선언한다.

"살인하지 마라."

이것은 저 유명한 '십계명'이다. 이것이야말로 고대사회에 놓여진 부동의 초석, 인권의 토대가 아니었던가? 이슬람교도도, 기독교도도, 시오니스트들도, 초정통파 유태교도들도, 하나님의 이름을 부르는 모든 사람들은 이 선언 앞에 완전히 항복하지 않으면 안 된다.

아니, 불교도나 무신론자라고 하더라도 이 선언에 분노를 느끼는 사람이 있을까? 여기에는 예외나 개인적인 심정이 들어갈 여지가 없다. 살인하지 말라는 것이다. 이 토대가 흔들릴 때 인권은 위기에 처하게 된다. 이것은 기준(스탠더드)이다.

그런데 역사는 신앙과 하나님을 말하는 사람들이 이 토대를 부정해온 사실로 채워져 있다. 인간의 소박한 신앙심이 특정 그룹이나 국가의 이익을 위해서 이용되어 왔다는 슬픈 현실이 거기에 있는 것이다. 토대 없는 맹신, 실천하지 않는 신조…, 이렇게 무익한 것이 어디에 있을까?

가상현실을 만드는 기술도 인간의 죄의 성질을 변화시키는 능력을 만들 수 없다. 우리가 살고 있는 것은 공상이 아닌 현실의 세계이다. 현실을 직시하고 그곳에서 일어나는 현상을 이해할 때 우리는 제대로 아는 것이다.

그곳에 있는 것은 버츄얼 리얼리티가 아니고 바이블 리얼리티인 것이다.

옮긴이의
말

《성서를 알면 세계가 보인다》는 일본의 이시이 마레히사(石井希尙) 목사가 쓴 성서해설서이다. 작가 이시이는 미국에서 성서를 연구하고 갈보리 채플에서 봉사한 뒤에 일본으로 귀국하여 도쿄에서 여러 편의 가스펠 앨범을 내는 등 다양한 활동을 통하여 열정적인 선교활동을 하고 있다.

그의 활동은 사무라이 계급에게 받아들여져 일본 근대화에 많은 역할을 해온 일본 기독교계에 새로운 활력으로 작용하고 있다. 오랫동안 지식인의 종교로 받아들여지고 있던 일본교회를 대중의 종교로 변화하는 계기를 제공하고 있는 것이다.

본서에서는 서양의 역사관으로 정착된 기독교 역사관을 명석하게 분석하여 오늘의 세계와 인류의 미래를 전망하고 있다. 따라서 독자들은 본서를 통하여 기독교의 역사관에 바탕을 둔 기독교적 세계관을 잘 이해하게 될 것이다. 비록 오늘의 세계가 급진적인 세속화로 인한 무신론적 지성에 의하여 지배되고 있다고 하더라도 여전히 세계의 역사는 종교의 영향 아래 있음을 부인할 수 없다.

작가가 본서에서 다루고 있는 키워드는 세계화라고 해석하는 '글로벌리제이션(globalization : 세계화, 전체화)'과 유태 - 기독교문명과 이슬람문명의 '종교분쟁'이다. 이미 현대인들은 글로벌리제이션의 소용돌이 속에서 살고 있고 이 새로운 문화의 틀에 생명을 내어놓고 있다고 해도 과언이 아니다. 그러나 우리는 당장의 편리함과 평안함에 묻혀서 글로벌리제이션이라는 괴물이 인류의 운명을 어디로 이끌고 갈지 생각할 여유를 갖지 못하고 있다. 작가는 성서의 예언을 통하여 그것의 '악마성(惡魔性)'을 자세히 분석하고 인류의 미래를 전망하고 있다. 이러한 성서의 역사이해는 한국 기독교인들에게 기독교적 세계관을 바로 이해하고 신앙적인 삶의 방향을 바로잡는데 크게 도움을 줄 것으로 기대한다.

이스라엘과 이슬람 세계의 종교분쟁은 실로 역사시대 이래 인류 역사의 내용을 결정지어 왔다고 해도 과언이 아니다. 기름 없이는 하루도 살 수 없는 세상에서 살고 있는 우리는 현실적으로 이 세계사적 과제에 관심을 두지 않을 수 없다. 작가는 예루살렘을 중심으로 한 종교분쟁의 원인과 추이를 잘 분석하고 있고 성서의 예언에 의지하여 해석하고 있다. 그 동안의 연구 성과를 통하여 유태인의 기원과 역사를 설명하는 부분은 다른 책에서 볼 수 없는 독특한 내용이며 통합유럽의 미래에 대한 그의 해석은 우리의 우려를 확인시켜 주는 것이다.

작가의 입장은 1800년대 후반에 아더 피어슨(Arthur T. Pierson)을 비롯한 미국 종교지도자들의 입장인 세대주의 성서해석에 바탕을 두고 있는 것 같다.

　19세기 중엽 미국의 종교계뿐만 아니라 문학계에도 커다란 영향을 준 세대주의적 성서이해는 다니엘서와 요한 계시록에 나타난 예언을 중심으로 천년왕국에 대한 해석에 바탕을 둔 역사관을 제시했다. 세대주의적 해석에 의하면 예수 그리스도의 십자가 사건에서 재림까지를 은혜의 시대라고 하고 그 후에 그리스도의 시대 혹은 천년왕국시대가 전개되고 천년왕국시대가 끝나면 영원한 "새 하늘과 새 땅"이 전개된다는 것이다.

　이러한 성서해석은 당시 점증하는 세속화의 물결과 더불어 비기독교세계의 성장에 우려하던 복음주의적 지도자들에 의하여 제기된 것이다. 오늘날 주지하다시피 세속화의 물결은 글로벌리제이션이라는 이름으로 그 완성을 보게 되고 인간의 '물화(物化)현상'은 극에 달하게 되었다. 이는 '역사는 영원하리라.'는 근거 없는 역사관에 기인하고 있다.

　유한성의 상징인 '죽음'은 역사가 영원하지 않다는 것을 말해주고 있지 않는가? 성서의 역사관은 분명 인류에게 새로운 각성을 촉구하는 메시지가 될 것이다.

옮긴이 씀